小额贷款业务管理

何良刚　黄　武　编著

中国金融出版社

责任编辑：黄海清
责任校对：张志文
责任印制：丁淮宾

图书在版编目（CIP）数据

小额贷款业务管理（Xiao'e Daikuan Yewu Guanli）/何良刚，黄武编
著．—北京：中国金融出版社，2018.9
ISBN 978 - 7 - 5049 - 9596 - 4

Ⅰ．①小…　Ⅱ．①何…②黄…　Ⅲ．①信贷业务—信贷管理—中国
Ⅳ．①F832.4

中国版本图书馆 CIP 数据核字（2018）第 116296 号

出版
发行　**中国金融出版社**

社址　北京市丰台区益泽路 2 号
市场开发部　（010）63266347，63805472，63439533（传真）
网 上 书 店　http://www.chinafph.com
　　　　　　（010）63286832，63365686（传真）
读者服务部　（010）66070833，62568380
邮编　100071
经销　新华书店
印刷　北京市松源印刷有限公司
尺寸　169 毫米×239 毫米
印张　15.25
字数　230 千
版次　2018 年 9 月第 1 版
印次　2018 年 9 月第 1 次印刷
定价　50.00 元
ISBN 978 - 7 - 5049 - 9596 - 4
如出现印装错误本社负责调换　联系电话 （010）63263947

前　　言

我国的小额贷款行业发展已有十多年时间，从被大家了解到接受，再到迅猛发展，到现在停滞不前，整个行业在短短的十多年时间里经历了"过山车"式的过程。大部分小贷公司停止了放款业务，主要在从事催收，真正经营并发展良好的小贷机构并不多。

很多小贷公司在思考转型，从发放大额贷款向发放小额贷款转变，一些银行也在积极发展小额贷款，经历了前几年的教训后，大家对小额贷款客户的业务拓展方式和风险控制方法都在探索之中。

笔者从事小微金融行业二十余年，专业研究和从事小额贷款工作多年，对小额贷款业务有较丰富的经验，现将这些经验进行整理，供小额贷款的同行和从业者借鉴，希望能对大家的工作有所帮助，与大家一起共同推动小额贷款的发展，让小额贷款真正惠及普通民众，惠及小微企业，促进小额贷款事业的发展。

目　　录

第一章　小额贷款管理 …………………………………………… 1

　　第一节　小额贷款管理的内容 ………………………………… 1

　　第二节　各种管理之间的关系 ………………………………… 4

　　第三节　小额贷款管理与风险的关系 ………………………… 7

第二章　小额贷款的市场定位 ………………………………… 11

　　第一节　小额贷款的定义及现状 …………………………… 11

　　第二节　小额贷款的定位 …………………………………… 15

　　第三节　小额贷款的服务理念 ……………………………… 20

第三章　小额贷款机构的业务目标 …………………………… 24

第四章　小额贷款的业务模式 ………………………………… 29

　　第一节　小额贷款业务组织架构 …………………………… 29

　　第二节　小额贷款发放流程 ………………………………… 36

第五章　小额贷款机构人员管理 ……………………………… 42

　　第一节　员工的招聘与培训 ………………………………… 42

　　第二节　员工日常管理 ……………………………………… 44

　　第三节　员工薪酬管理 ……………………………………… 46

　　第四节　如何稳定员工队伍 ………………………………… 50

第六章　小额贷款机构信贷管理制度 ·········· 52

第一节　小额贷款机构需要的基本业务制度 ·········· 52

第二节　基本业务制度范本 ·········· 53

第七章　小额贷款机构贷款产品设计 ·········· 83

第一节　贷款产品的设计 ·········· 83

第二节　贷款产品设计案例 ·········· 87

第八章　贷款营销管理与客户关系维护 ·········· 92

第一节　贷款营销管理 ·········· 92

第二节　客户关系维护 ·········· 98

第九章　贷款信息的调查与交叉检验 ·········· 100

第一节　客户信息的分类 ·········· 100

第二节　信息调查方式 ·········· 101

第三节　借款人及其家庭信息的调查 ·········· 106

第四节　借款人企业非财务信息的调查 ·········· 110

第五节　对无正规财务记录借款人财务信息的调查 ·········· 114

第六节　对有正规财务记录借款人财务信息的调查 ·········· 124

第七节　案例分析 ·········· 130

第八节　评估资料的收集 ·········· 135

第十章　信用贷款风险分析 ·········· 139

第一节　非财务风险分析 ·········· 139

第二节　数据的分析 ·········· 147

第三节　案例分析 ·········· 176

第四节　其他风险问题 ·········· 181

第五节　信用贷款额度的确定 ·········· 185

第十一章　贷款环境和行业分析……………………………… 192

　　第一节　贷款环境分析…………………………… 192

　　第二节　贷款行业分析…………………………… 194

第十二章　贷后管理……………………………………… 211

　　第一节　对借款人的贷后监控…………………… 211

　　第二节　贷后风险的处理………………………… 215

　　第三节　贷款到期的处理………………………… 217

　　第四节　贷款的催收……………………………… 221

第十三章　小额贷款行业发展展望……………………… 227

　　第一节　小额贷款行业面临的问题……………… 227

　　第二节　小额贷款行业发展展望………………… 232

第一章　小额贷款管理

自 2008 年以来，小额贷款发展非常迅速，各地如雨后春笋般地成立了很多小额贷款公司，很多商业银行也纷纷成立了小额贷款中心，投资理财公司也发放小额贷款，很多 P2P 公司更是深度进入小额贷款领域，一时间，小额贷款市场进入爆发式发展期。

但自 2014 年以来，小额贷款的发展一落千丈，跌入低谷。很多小额贷款公司由于风险高企，处于停止经营或半经营状态，主要工作都在催收；投资理财公司更是全面倒闭；很多 P2P 公司也因风险太高而倒闭，老板跑路的情况时有发生；商业银行小贷中心发放的贷款多是以抵押贷款为主，风险情况较好一些，但小贷业务较之前也有了很大的收缩。整个小贷行业的发展似乎陷入了困境。

出现这种行业困境不是小额贷款市场萎缩，没有贷款需求，贷款放不出去，而是整个行业出现了大面积的风险贷款，导致这些小额贷款机构无法再继续经营下去。如何做好小额贷款，同时又能较好地控制风险，关键就是要做好小额贷款机构的管理，管理做好了，就能确保小贷机构稳定健康的发展。

第一节　小额贷款管理的内容

作为小额贷款（以下简称小贷）机构，在经营过程中，究竟应当如何做好管理呢，笔者就小贷机构在经营过程中需要管理的内容作出如下分类（见图 1-1）。

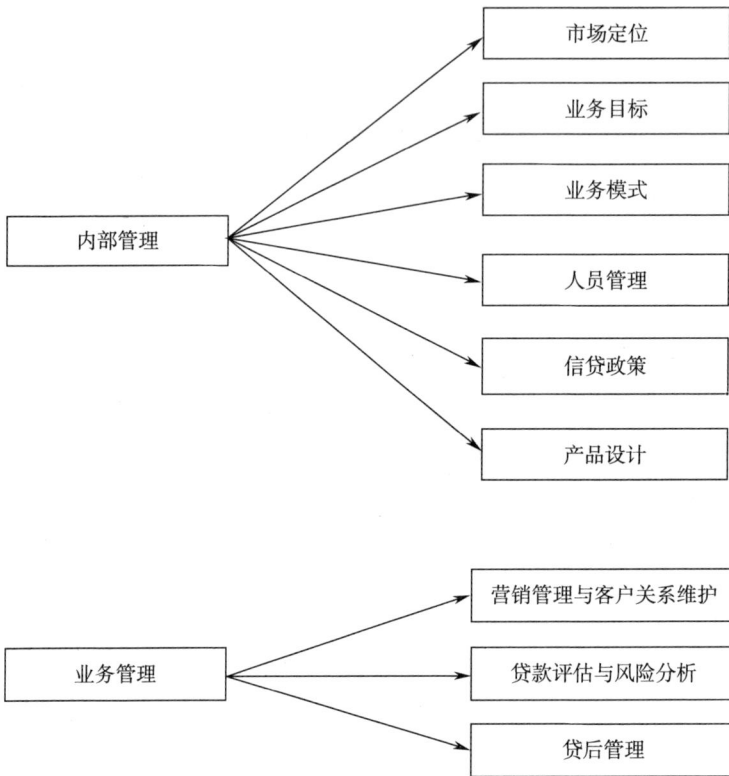

图1-1　小贷机构管理分类

一、内部管理

好的企业是管理出来的，小额贷款机构也一样，必须通过良好的管理才能实现健康发展。小贷机构的管理必须要与小贷业务的特点相结合，它不同于一般的企业管理模式，由于其主要是提供融资服务，不但要将资金发放出去，还要连本带息安全收回来，因此，风险始终贯穿于整个小贷机构的管理过程中。

（一）市场定位

市场定位是指小贷机构业务发展的对象，进一步讲，你所放款的对象是什么样的群体，是中小企业、小微企业，或是个体经营者，是做经营性贷款还是消费性贷款，放款的金额是多大额度。如果小贷机构对自身的市场定位不准，超出自身专业能力对较大的客户放款，或超出自身的承受能力发放较大金额的贷款，都会对小贷机构形成很大的风险压力。关于市场定位的详细阐述见本书第二章。

（二）业务目标

业务目标包括本机构的利润目标、业务规模目标、机构规模目标等，如果这些目标定得过高，在执行过程中盲目追求完成这些目标，就有可能放松或忽视风险；如这些目标定得过低，就有可能失去发展的机会。如何制定本机构的业务目标，才能既取得良好的发展，又能控制好风险，这与本机构的资金、人力资源等实际情况和所处市场等诸多因素有紧密的联系。这些内容将在本书第三章详细阐述。

（三）业务模式

业务模式是指小额信贷业务主要以什么方式来开展，业务流程怎么设计。关于业务模式将在本书第四章详细阐述。

（四）人员管理

小贷机构对贷款的管理实质上也是对人的管理，"人"在贷款办理过程中起关键的核心作用，人管好了，贷款管理也就成功了一大半。因为无论前面讲的发展目标有多好，业务模式、信贷政策、产品设计等有多么完善，这些都需要人去执行和操作，如果人没有责任和能力去执行好、操作好，小贷机构的业务始终都不会管理好。本书第五章将详细阐述小贷机构业务人员的选拔、培训、考核等内容。

（五）信贷政策

信贷政策是小贷机构管理贷款的制度依据，是各业务人员操作贷款的规范，因此，清晰的贷款政策对促进业务发展、控制风险是非常重要的。信贷政策包括客户的准入条件、审核标准和要求、贷款流程、贷款审批、贷后管理、风险防范与识别等，在信贷政策中都要进行清楚明确的规定。这部分内容将在本书第六章阐述。

（六）产品设计

贷款产品的设计一定要符合客户的现金流，符合客户的经营特点，能使贷款到期时顺利回收，这才是成功的贷款产品，否则就是失败的贷款产品。本书将在第七章阐述贷款产品设计的原则、设计方案、一般情况下每类客户最适合的贷款产品及风险控制条件。

二、业务管理

业务管理是指对具体信贷业务的营销、贷款评估与风险分析、贷后管理等。

(一) 营销管理

营销是小贷业务的主要来源，是做好小贷业务的第一步，也是基础。因此，小贷机构要对营销高度重视，本书第八章将阐述小额贷款营销的内容。

(二) 贷款评估与风险分析

评估是控制贷款风险的关键工作，评估的好坏直接决定了贷款风险的高低，本书第九章、第十章、第十一章将详细阐述贷款的评估调查、信息的交叉检验、贷款风险分析和行业风险分析等内容。

(三) 贷后管理

贷后管理是控制贷款风险的重要工作，如果贷后管理做不好，也会给贷款造成很大风险，本书第十二章将阐述贷后管理的有关内容。

第二节　各种管理之间的关系

在各种管理中，内部管理是针对整个业务系统的，管理不好面临的是系统性风险，市场定位错误、人员管理失误给小贷机构带来的风险是全面的、灾难性的；业务管理由于是针对单个客户而言的，对某个客户的判断决策失误只会对单笔贷款造成风险，它是个体风险。各类管理之间是统一和协调的，存在着相互影响和联系。

一、市场定位与其他管理的关系

市场定位与目标管理：业务目标（如利润、业务量）与事先确定的市场定位要协调一致。例如，市场定位主要是平均贷款额度为 20 万元、主要放款对象为个体经营者,如果把业务目标定得太高,业务人员为了完成任务,在开展业务时就有可能脱离这个定位,会把贷款平均额度提高到50万元、100万元甚至更高。

市场定位与经营策略:一般情况下,在经营策略中,选择什么样的经营模式应当与小贷机构的市场定位相符合,市场定位高的,应选择监督制约机制较强的类"信贷工厂"模式;市场定位低的,应选择较灵活的类IPC技术模式,做消费贷款的,应采用大数据模式。如果经营模式与市场定位不相符,可能造成效率低下、贷款流程烦锁、部门之间职责不清、贷款风险识别不准等风险。

市场定位与信贷政策:已确定好的市场定位,要有相配套的信贷政策来支持。针对不同客户群体、不同金额的贷款,贷款流程、贷款的审批方式、贷款的准入条件、贷款的评估准则等都有所不同,因此,贷款政策与市场定位不协调,同样会引起效率低下、贷款流程烦锁、贷款风险识别不准等风险。

市场定位与人员管理:市场定位不同,对业务人员的能力、综合素质、专业能力的要求也会有所不同,这对业务员工的招聘、培训、考核等都会有影响。如果人员管理与所确定的市场定位不相符,有可能造成业务人员的专业能力不足、考核不合理等风险。

市场定位与业务管理:不同金额的贷款、不同客户类型的贷款,在信息的收集方法、评估分析方法、贷后管理方式上也是有所不同的,如果对某类贷款采用了不恰当的信息收集方法和评估方法,就有可能产生贷款信息收集不全或不真实、贷款的评估分析不准确等风险。

二、业务目标与其他管理的关系

业务目标与经营策略、信贷政策:业务目标(如利润、业务量)如果太高,超过业务人员的实际业务拓展能力,为了完成目标任务,业务人员有可能会通过中介渠道获取客户,而通过中介获取的客户往往是风险很高的客户;同样,在过高的任务目标之下,业务部门为了完成任务,有可能会违反信贷政策的规定,发放一些违规贷款。

业务目标与业务管理：业务目标（如利润、业务量）如果太高，业务人员为了完成业绩，有可能会违反信贷政策的规定而发放一些风险较高的贷款。

三、业务模式与其他管理的关系

业务模式与信贷政策：在不同的业务模式下，贷款操作流程、贷款审批流程、业务人员的责任都有所不同，因此贷款政策要与所采用的业务模式相适应，否则，会出现责任模糊、业务流程混乱等风险。

业务模式与人员管理：在不同的贷款模式下，对人员的管理要求是不同的。在信贷工厂模式下，由于业务与风控相对独立，业务拓展能力强的员工应主要负责业务的拓展，风控能力强的员工应主要负责风险管理，员工在各自负责的领域专业能力较高；在 IPC 技术模式下，业务人员既要负责业务拓展，也要负责风险管控，因此需要员工同时具备业务能力和风控能力，但专业性不一定有信贷工厂模式下的员工强。因此，无论在哪一种模式下，合理配备与安排员工的工作都是非常重要的。如果安排管理不当，有可能造成员工不能胜任工作或不能充分发挥员工的专业技能等风险。

四、信贷政策与其他管理的关系

信贷政策与产品设计：信贷政策要与贷款产品配套，形成一个统一协调的有机体。信贷政策的有关规定要符合信贷产品的规律，或信贷产品的设计要在信贷政策的框架下进行。否则，信贷政策与信贷产品相互矛盾，在实际操作中无法执行。

信贷政策与人员管理：如果现在已经有一个业务团队来制定信贷政策，则要考虑团队成员的经验和专业能力，制定出团队成员能操作的、可执行的信贷政策，如果信贷政策在某些方面要求过高，团队成员没有经验和能力去执行，则这项信贷政策也是不成功的信贷政策；如果信贷政策在某些方面要求过低，则有可能对现有人力资源造成浪费。如果已经制定好了信贷政策，已经通过实践证明现有的信贷政策能够很好地促进业务的发展，则要将现有信贷政策向业务团队中的每个成员进行培训，使他们熟练掌握并严格执行。

信贷政策与业务管理：信贷政策是直接规范业务的，显然，信贷政策的好坏，直接关系到业务的开展情况和业务的风险状况。

五、产品设计与业务管理之间的关系

合理的产品设计和运用能有效降低贷款风险，产品设计不合理，或执行高风险的贷款产品，或给客户发放的贷款产品不适合客户的现金流，都会给贷款造成风险。

六、人员管理与业务管理之间的关系

人是业务的操作者与执行者，是小额贷款业务成败的关键因素，团队管理好了、人员管理好了，小贷机构的业务就会发展得很好，风险就会降低；如果没有管理好团队、没有管理好人员，导致团队人员思想素质低、责任心差、专业能力低，将有可能给小贷机构造成较大的风险。

第三节　小额贷款管理与风险的关系

一、小贷机构有哪些风险

小贷机构的风险分为三个层级，每个层级下具体的风险指向是不同的，如图 1 - 2 所示。

（一）战略风险

战略风险是公司层面的风险，是战略性、全局性和方向性的风险，它的决策失误会影响到整个公司发展的未来和命运。小贷机构的发展战略是由小贷机构的最高决策机构作出的，通常是股东大会或董事会。具体包括以下风险指向。

1. 战略定位。指小贷机构成立的目的与动机，是纯商业性质的，还是公益性质的，两者在运营与管理上是不同的。

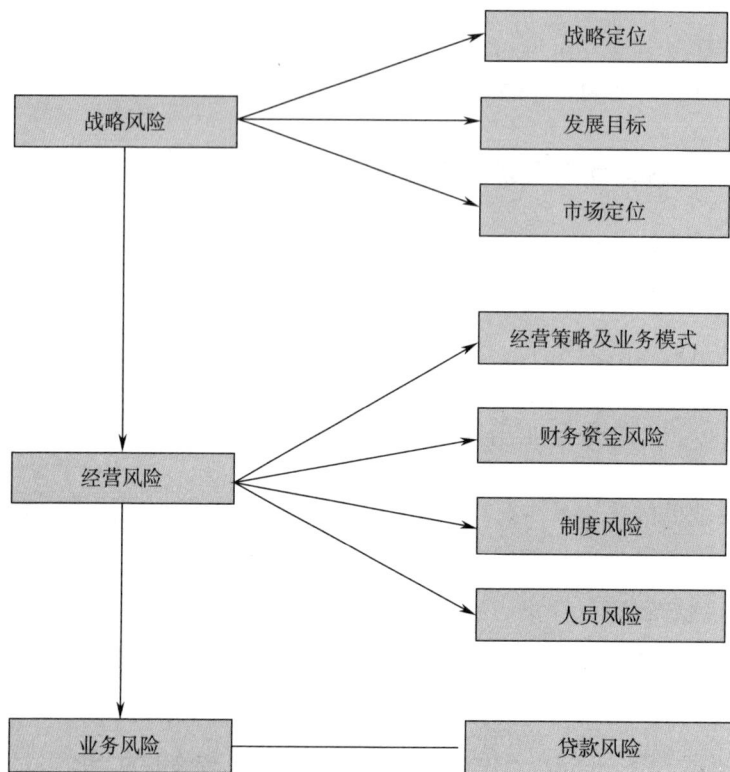

图1-2　小贷机构的风险层级

2. 发展目标。指小贷机构的发展规划，其在短期及长期要实现什么目标。

3. 市场定位。指在小贷机构既定的战略定位与发展目标下，选择的目标客户群体是否相符合，同时，小贷机构团队现有的能力，是否能服务好已确定的目标客户群体。

（二）经营风险

经营风险是指在小贷机构在贯彻战略定位和实现目标过程中，所采取的一系列管理方式可能面临的风险。具体包括：

1. 经营策略。包括业务模式、营销方式、产品设计与产品定价等，这些如果没有做好，会导致贷款流程不畅、效率低下等，对小贷业务的发展造成很大障碍。

2. 财务资金风险。包括两个方面：一是小贷机构自有资金不足，导致无钱可放；二是小贷机构贷款资产与负债期限结构不匹配，导致负债到期，而没有到期的贷款可回收用于偿还到期债务，导致资金断链。

3. 制度风险。是指小贷机构的信贷政策、风险政策有重大缺陷和漏洞，导致在执行过程中无法实施，或容易引起混乱，或无法防范的重大人为风险。

4. 人员风险。是指员工出现了大量违规现象、人员专业能力普遍较低或重要人才、重要岗位人员流失等风险。

（三）业务风险

业务风险就是贷款风险，是由于贷款评估决策失误或贷后管理不当导致贷款出现拖欠或无法收回的风险。业务风险是个案风险，是由于对某笔贷款判断不准而造成的。要防止业务风险，需要贷款操作人员在具体操作业务时做好贷款的营销、评估、贷后管理及客户关系维护等，即要做好业务管理。

二、小贷机构管理与风险的关系

从以上介绍中，我们可以看出，战略风险与经营风险是小贷机构的内部风险，要通过内部管理来解决，一旦出问题则会出现大量的不良贷款，所以，战略风险与经营风险是系统性风险，一旦管理不好，对小贷机构的影响很大。

小贷机构的内部管理对小贷机构的生存和发展而言是至关重要的。综观这些年小贷机构的发展及现状，凡是目标定位准确、管理规范的，发展就比较良好；凡是目标定位不准确、管理方式和模式与市场环境不相符的，或人员管理较差的，都出现了很高的风险。

根据以上分析，小贷机构的管理和风险有如下对应关系（见图1-3）。

战略风险和经营风险是内部管理的范畴，因此，要解决战略风险和经营风险，就要做好内部管理。业务风险是业务管理的范畴，业务管理的相关问题做好了，其风险就会处于一个很低的水平。

因此，小贷机构的风险问题就是管理问题，管理不好就一定会出现风

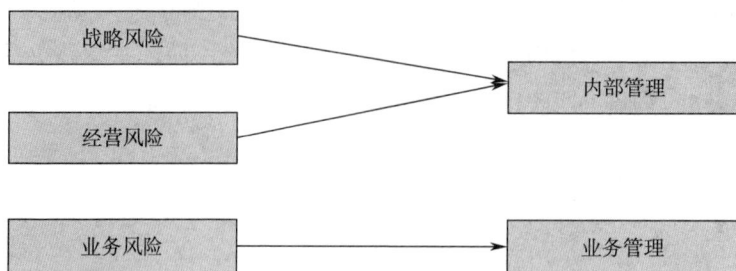

图 1－3　小贷机构风险与管理的对应关系

险。本书的前半部分主要阐述小贷机构的内部管理，后半部分主要阐述小贷机构的业务管理。

第二章　小额贷款的市场定位

第一节　小额贷款的定义及现状

一、小额贷款的定义

什么才是真正的小额贷款呢？笔者认为，真正的小额贷款应从以下几个方面考虑。

（一）目标客户群

小额贷款的目标客户群应以自然人、个体工商户、个体劳动者、家庭经营户、小加工厂、中小型企业、农村的种植户和养殖户为主体，这些群体才是小额贷款的放款对象。以中型企业或大型企业为主要借款人的贷款不能算作小额贷款。

（二）贷款金额

贷款金额从两个方面分析：一方面，从贷款的绝对金额上看，参考当前的经济发展水平，笔者认为一般在100万元以下、经济发展水平较高地区在200万元以下额度的贷款可以算是小额贷款；另一方面，从小贷机构平均的贷款金额占本机构资本总额的比率来分析，如平均贷款金额占资本总额比率较高，比如说超过1%，相对小贷机构来说，就算是大额贷款了，也就意味着小贷机构还没放到100笔贷款，自身资本就放完了，只有平均贷款金额占资本总额的比率越低，低到足够分散风险，对小贷机构来讲，才能算小额贷款。

（三）贷款利率

小额贷款由于单笔金额较小，资金成本和管理成本相对较高，其贷款利率高于一般的银行贷款利率是正常的，在目前的利率环境下，月利率和其他费用在2%以内都算是合理的。但如果费用和利率高于这个水平，甚至达到3%或4%以上，那就不是小额贷款了，只能算是高利贷了。

（四）对借款人的作用

无论借款人是将贷款资金用于教育、购房等消费支出，还是用于扩大规模、购买机器设备等固定资产，或者是用于季节性的补充流动资金等，小额贷款都要能对借款人的生产和生活起到实质性的帮助作用，使借款人和小贷机构都能获益，达到双赢的目的。如果小贷机构的目的就是单纯地获得收益，而不管借款资金是否对借款人有帮助，甚至也不管贷款用途是否合法合理，或一味的加高利率，这些都不是小额贷款应有的做法。

（五）贷款的操作适合小额贷款借款人的特点

小额贷款操作有自身的规律和特点，就是"快速、灵活、方便"，这是针对小额贷款的目标客户群的实际情况提出的，如果在小额贷款的操作中脱离这样的规律和特点，是无法运作好小额贷款的。

二、各类小额贷款机构业务介绍

（一）小额贷款公司

我国的小额贷款公司有8000多家，贷款余额9000多亿元。从公开的资料和笔者实际调查的结果看，这8000多家小贷公司真正从事小额贷款的不到30%，大部分小贷公司的贷款动辄几百万元，甚至上千万元，做的是传统银行的贷款业务，还有一些公司打着小贷公司的旗号，发放高利率贷款，这违背了小额贷款的原则。

（二）银行

目前很多股份制银行、地区性银行、城市商业银行、农村商业银行及其他中小银行都在发放小额贷款，但这些银行发放的小额贷款主要是以抵押贷款为主，贷款门槛较高，而绝大多数无法提供抵押的小额贷款借款人很难在这些银行获得贷款。

（三）P2P网贷平台

目前全国没有关于P2P网贷平台的准确数据，据第三方P2P研究平台网贷天眼的数据，截至 2014 年 7 月，中国正在运营的 P2P 网贷平台达到 1286 家，数量虽然没有小贷公司数量多，但 P2P 最近暴露出的问题层出不穷，P2P 平台老板失联、跑路的现象经常发生。真正正规运作的 P2P 平台非常少。

总体来说 P2P 平台存在以下一些严重问题：一是费用和利率很高，像目前比较出名的平台一般贷款开始会收取 20% 的平台管理费，另外在等本等息的还款方式下按贷款金额 1.8% 的月利率计息（实际月利率约为 3.3%），费用和年化利率达到近 60%；二是有些平台违规建立资金池，变相吸收存款；三是部分平台建立者利用平台筹集的资金自用；四是平台建立者一方面设立 P2P 平台，另一方面设立一个担保公司，利用自己的担保公司为平台上的出资人进行担保。

（四）投资理财公司

自 2011 年开始，各种类型的投资理财公司在全国各地以近乎疯狂的速度出现，目前没有公开数据显示在高峰时其数量究竟有多少，笔者在几个地级市通过街面的店面数量统计，在最多的一个地级市有达 80 多家投资理财公司，而在省级城市肯定会更多，这样推算下来，全国应有好几万家了。然而自 2014 年下半年开始，全国大面积的投资理财公司出现关门、老板失联、失踪以及投资人上门追款等现象，严重扰乱了金融市场，影响了社会的稳定。

为什么会出现这样混乱的局面？与 P2P 平台一样，投资理财公司存在的问题也是非常严重的，甚至比 P2P 平台更严重，主要问题在于以下几个方面：一是很多投资理财公司的老板急功近利，想从中赚取丰厚利润，导致放出的贷款利率很高，超过了行业一般的利润水平，很多资金流向了房地产行业，随着房地产行业的不景气，资金不能按时回笼，无法向出资人兑付；二是投资理财公司不懂贷款的风险，也不注重风险，认为只要将钱放出去就能收取高额的回报，导致大量资金投向了高风险项目；三是与 P2P 平台一样，有很多人设立投资理财公司的目的就是筹集资金自用，最后卷款逃跑；四是投资理财公司的老板一方面设立投资理财公司，另一方面设立一个担保公司，利用自己的担保公司为投资理财公司的出资人担保。

三、小额贷款行业存在的问题

（一）行业监管、政策制度有待完善

1. 对小额贷款公司这类机构，目前主要由各地的金融办负责管理，但这种管理大多只是对公司的设立审批、融资情况进行管理，而对其业务管理则是空白，这也导致了很多小贷公司的业务无序发展；各地的小贷协会所起的作用不大；同时在管理政策上目前只有 2008 年由人民银行和银监会发布的《关于小额贷款公司试点的指导意见》，以及各省的实施细则，这些文件存在对小贷公司定位不清、资金的进入限制和经营地域规定过严等问题，严重限制了小贷公司的发展。

很多小贷公司为了规避资金进入限制过严的问题，另外成立投资理财公司和 P2P 平台来吸收资金，这样反而加大了行业监管的难度，造成了更严重的问题。

2. 由于没有相关的管理政策和制度，对近年来大量出现的投资理财公司和 P2P 平台基本上没有任何部门对其进行管理和监督，导致在全国范围内不断出现这些机构非法集资、诈骗、老板卷款潜逃等事件，大量出资人资金无法追回，这严重破坏了金融秩序，影响了社会的稳定。

（二）利率高

前面讲过有些小额贷款公司放款利率非常高，有的月利率在 3% 以上，甚至月利率在 5% 以上的都有，实际做的是高利贷；像投资理财公司和 P2P 平台这类机构的实际利率更是普遍地在 3% 以上；有些银行的实际利率也不低，借款人在贷到款后，往往会被要求给银行做"回报"，常见的做法是，先将贷款存入银行，再以存款质押重新贷出来，这样一来，借款人要付大约双倍的贷款利息。

（三）恶性竞争

现在大部分小贷公司、投资理财公司和 P2P 平台将借款对象定位在中型企业或大型企业，贷款额度一般在几百万元至几千万元，而这种贷款额度下的借款对象也是一些中小银行的主要业务对象，这就造成了多家放贷机构市场定位同质化，形成这一领域的过度竞争，往往一家企业有众多的机构对其放贷，造成借款人过度负债。

在这些贷款中，由于银行具有自身优势，发放的一般都是抵押贷款，而小贷公司、投资理财公司和P2P平台往往发放信用贷款或意义不大的担保贷款，或是抵押价值不高的抵押贷款，所以当借款人出现风险时，损失最严重的往往是小贷公司、投资理财公司和P2P平台。

（四）操作缺乏规范性，风险管理薄弱

很多小贷公司、投资理财公司和P2P平台由老板加上几个临时招聘的人员，就开始开展业务，这些人既没有相关经验，也没有经过任何培训，更没有专业背景，公司没有任何信贷和风险管理方面的制度，贷款调查凭观感，只要利率高，贷款随意放。最终造成风险过高，开业不久就停业。

（五）缺乏人才

小贷行业近年来发展迅速，然而缺乏相应的人才，特别是真正懂小贷运营管理、风险管理的人才匮乏，很多小贷机构不得不招聘没有任何经验和专业能力的人员，相应的培训也跟不上。这是导致这一行业发展迅速但质量不高的根本原因。

第二节 小额贷款的定位

基于笔者对小额贷款的认识，通过对现有小额贷款的发放机构（包括小额贷款公司、投资理财公司、P2P平台、各类型的银行）进行比较、分析和研究，对小额贷款的市场定位作出以下分析。

一、市场定位

（一）目标客户群

将目标客户群分为两类：一类是个人客户，主要收入为工资收入，自己没有生意项目；另一类是企业客户，主要收入靠自己经营的生意项目获得，如个体工商户、运输户、农业种植户或养殖户，或自己经营的中小企业。下面分别阐述两类客户的特点。

1. 个人客户。对于个人客户而言，情况相对简单。个人客户的主要收入为工资收入，主要的贷款用途是消费或家庭投资，这种客户只要居住稳定、婚姻家庭稳定、收入稳定，无负债或负债较少，在其收入的基础之上匹配相应的贷款额度即可。这类客户的贷款额度不大，一般在 10 万元以内，如果开展顺利，由于量比较大，有较大的业务发展空间。

2. 企业客户。将企业客户分为以下等级（见图 2-1）。

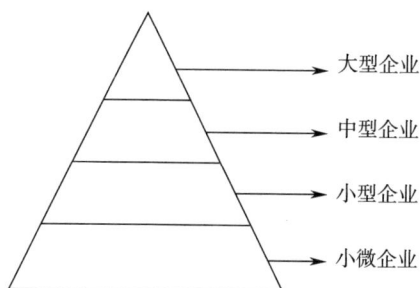

→ 大型企业

→ 中型企业

→ 小型企业

→ 小微企业

图 2-1 企业客户等级分类

（1）小微企业。是指个体工商户、个体运输户、个体劳动者、种植户、养殖户、家庭式手工作坊等有效净资产较少（低于 50 万元）的公司企业。

这类借款人具有以下特点：一是数量众多，几乎占所有企业数量的 80%；二是绝大多数经营者都是本地人，居住比较稳定，其相关信息比较容易了解；三是这类经营者的经营收入是其家庭生活收入的主要来源，一般来说，经营者不会轻易放弃；四是这类经营者大多思想比较单纯，不会盲目负债；五是微小企业资产少，抗风险能力差；六是愿意给这类经营者放款的机构较少，竞争相对不大，同时降低了经营者隐性负债的风险。七是这些经营项目大多是与人们日常生活相关的，无论宏观经济形势怎样变化，其所受的影响不大。

针对这类借款人的特点，在贷款风险的控制上要注意以下几点：一是要特别注重借款人的稳定性，包括其居住的稳定、婚姻家庭的稳定、经营项目的稳定等；二是借款人的品行，包括其信用状况、有无不良嗜好等；三是要掌握好贷款额度（一般总负债金额控制在 30 万元以内），由于其资产少、收入少，贷款金额要在其收入的范围内确定。掌握好以上几点，这类借款人的风险总体上是可控的。

（2）小型企业。是指有效净资产在 50 万元至 200 万元的个体工商户、种植户、养殖户、家庭式手工作坊、公司和企业，小型企业的贷款需求一般在 30 万元至 100 万元。

这类借款人具有以下特点：一是这类经营者经过较长时间的积累，生意具有了一定的规模，有了一定的资产实力，生活较富足；二是这类经营者是一些银行类金融机构（特别是中小银行）和少数小额贷款机构的目标客户，容易有隐性负债；三是这类借款人的经营项目大多也是与人们日常生活相关的，宏观经济形势的变化对其影响不大；四是从经营者的心理分析，其有扩大规模的愿望，容易产生投资冲动，加上其融资比较容易，如经营不善或判断不当容易造成过度负债。

针对这类借款人的情况，关键要掌握借款人真实的资产、负债情况和下一步的发展计划，如果借款人基本面较好，是可以发放信用贷款的，如果情况不清晰，在落实保证、抵押等担保措施的情况下，也是可以放款的。

（3）中型企业。是指有效净资产在 200 万元至 1000 万元的公司和企业，中型企业的贷款需求一般在 100 万元至 500 万元。

这类借款人具有以下特点：一是企业具有相当的规模，基本上具备规模化和多元化经营；二是其资产来源中有相当一部分是通过负债构成的；三是这类经营者往往不满足现状，会通过各种方式来扩张，但由于各种因素的影响，最后成功的比较少；四是这类借款人的经营项目受宏观经济的影响较大；五是在这类经营者中，有为数不少的人持有投机心理，如经营成功可能会还债，不成功就会完全赖账或骗账；六是这类企业由于具有一定的规模，情况较为复杂，对其进行准确全面的风险调查比较困难。

基于对以上特点的分析，并结合现实观察，这类借款人对贷款机构来讲，风险较大，应谨慎发放信用贷款。

（4）大型企业。是指有效净资产在 1000 万元以上的公司和企业，大型企业的贷款需求一般在 500 万元以上。

笔者认为，500 万元以上金额的贷款对小贷机构来讲，属于大金额贷款，一般情况下小贷机构不会涉及，因此这里不作叙述。

对于一家小贷机构来讲，目标客户群是定位于个人、小微企业，还是小型企业或中型企业，要结合自身长远规划、当地的经济状况和自身的资金情况来进行定位。

（二）业务区域

小贷机构在考虑业务发展区域时，笔者认为要考虑以下几个方面的因素。

1. 宏观经济环境。很多小贷机构认为，在经济越发达的地区，小贷业务越好开展，风险也会更低。但事实上无论是在经济发达地区还是欠发达地区，开展小贷业务各有各的优缺点。经济发达地区经济活跃、商家众多，贷款需求量大，能快速扩张业务；但是这些地区的商户有很大部分是外地人，流动性大，贷后管理较难，同时，小贷机构众多，竞争激烈，容易造成借款人过度负债。在经济欠发达地区，商户大多是本地人，比较稳定，小贷机构不多，竞争不大，有利于小贷机构开展业务，同时，由于放贷机构不多，借款人隐性负债的概率较小；缺点是在欠发达地区，人们的信贷观念趋于保守，小贷机构业务发展可能会比较缓慢，同时人们对小贷机构较高的利率比较敏感。

2. 行业竞争。在选择业务发展区域时，笔者认为要考察当地同行的业务发展规划，尽量避免在同一地区有多家小贷机构开展相同类型的业务，实现差异化的业务定位，避免行业的过度竞争。

3. 信用环境。业务区域的选择也要对当地的信用观念和信用状况进行考察和分析。如普遍存在信用观念不强、信用意识淡薄等情况，贷款风险可能会比较高。或当地的高利贷行业盛行，也会给正常运作的小贷机构造成不利影响。

（三）贷款额度

小额贷款应坚持"小额、分散"的原则。一家小贷机构究竟应当将贷款额度确定在多大范围内，笔者认为应考虑以下几个方面的因素。

一是要考虑，小贷机构自身的资金实力情况，小贷机构的平均贷款余额应在自有资金的1/500以内，即将自有资金全部放完应至少有500笔贷款才能将风险足够的分散，同时单笔贷款额度最好不超过自有资金的1/50，如果过高，一旦出现风险损失，对小贷机构会有严重影响。

二是要考虑，对比参照目标客户定位，如果主要以发放个人消费贷款为主，平均放款额度应在 10 万元以内，如果以微小企业贷款为主，平均贷款额度应在 30 万元以内，如果以小企业贷款为主，平均贷款额度应在 100 万元以内，如果以中小企业贷款为主，平均贷款额度应在 500 万元以内。

最后还要考虑小贷机构自身业务团队的业务能力，如果是一个全新的业务团队，没有小额贷款的经验，风险控制能力弱，则应从小额度的贷款做起，待经验积累后，再逐步提高贷款额度。

二、不同贷款定位的优劣分析

（一）平均贷款余额定位于 10 万元以下

这类贷款主要针对低收入人群，具有以下优点：一是由于贷款余额很低，风险足够分散，对小贷机构来讲，不会出现系统性风险；二是由于贷款金额较小，即使贷款出现风险，也可能只是逾期还款，借款人只要有还款意愿，贷后管理到位，贷款出现最终损失的比较少；三是这样的贷款只要做到足够数量后，客户基数比较大，业务就会很稳定，不会出现大起大落的现象。

定位于该类贷款的缺点主要包括：一是做这样的贷款，前期贷款余额不大，利润率不高，而前期费用较大，在开办之初，可能会经历一段较长时间的亏损期；二是由于金额小，需要依靠客户量来发展，所需业务人员较多，人力成本较大。

（二）平均贷款余额定位于 10 万元至 100 万元

这类贷款主要针对中高收入人群，具有以下优点：一是贷款余额比较低，风险比较分散；二是由于这类贷款主要针对中产阶层人群，这类人群有一定的经济实力，收入比较稳定，贷款风险比较小；三是随着经济的发展，我国社会结构向"橄榄球"形变化，中产阶层群体会越来越大，客户基数也会越来越大；四是由于贷款金额相对较大，小贷机构的贷款余额很容易扩大，因此收入能实现快速增长。

但是，做这类贷款通常需要较高级的专业人才，如果没有相应的人才储备，将使业务发展面临瓶颈。

（三）平均贷款余额定位于 100 万元至 500 万元

以该类贷款为主要定位的小贷机构，总贷款余额很容易扩大，收入在短期内能取得较快增长。

但是，由于单笔贷款金额大，风险比较集中，一旦某笔贷款出现损失，会给整个小贷机构带来重大损失；同时，这类贷款的借款人的经营受经济周期的影响比较大，因此其业务具有一定的起伏。

作为纯商业化运作的小贷机构，笔者认为选择做"平均贷款余额定位于 10 万元至 100 万元"的贷款是最佳的，这样既能取得较好的收益，又能做到小额、分散；当然，也可以选择做"平均贷款余额定位于 10 万元以下"的贷款，当客户积累到一定数量，贷款余额达到一定规模后，也能获得持续的盈利；如果是资金实力雄厚，团队能力和风险控制能力非常强，又想在短期内取得较好收益的小贷机构则可选择做"平均贷款余额定位于 100 万元至 500 万元"的贷款。对于 500 万元以上的贷款，相对小贷机构来讲，贷款金额过大，风险太大，最好不要涉及，在已经出现经营困难的小贷机构中，很多是因发放大额贷款无法收回造成的。

一家小贷机构究竟应当如何进行市场定位，根据以上分析，小贷机构要结合自身的目标、资金实力、团队能力、风险控制能力、当地市场情况、同行业竞争情况等因素综合考虑。

第三节　小额贷款的服务理念

一、小额贷款借款人的特点

按照上述小额贷款的客户定位，小额贷款的借款人包括小企业主、个体工商户、个体劳动者、上班族、个体种植户、个体养殖户等，是社会最广大的群体，他们有以下一些共同特点。

（一）空闲时间少

这类借款人日常都从事繁重的工作：小企业主要维护自己企业的正常运转，大多事情都会亲历亲为；个体工商户和个体劳动者要经营自己的生意，闲暇时间很少；上班族工作日要天天上班；种植户和养殖户要天天在农场劳作。因此，要让这样的人群花很多时间去办理贷款是很难的。

（二）金融专业知识少

小额贷款的借款人大多是低收入群体，他们的学历背景比较低，即使有一定学历，但大多都不是金融专业的，金融专业知识比较少。如果小贷机构在给这类借款人办理贷款时程序过于复杂，手续过于烦琐，会让他们望而生畏。

（三）资金需求时间性强

很多小额贷款借款人经营项目的资金需求往往是即时的，需要资金能够快速到位，如果资金需要较长时间才能到位，往往错过了资金使用需求期，失去了意义。

（四）担保措施少

小额贷款的借款人大多是低收入群体，他们的资产较少，特别是可用于抵押的固定资产较少，同时，愿意为他们提供保证担保的机构或个人也很少，所以，要让他们为贷款提供足够的担保措施是非常困难的。

（五）可提供的证明其经营数据或收入数据的资料少，或不完整

由于他们大多是个体经营或者是以家庭为单位进行经营，往往没有记录账务的习惯，对于在经营过程中使用的一些票据或单据没有要保存的意识，所留存的票据或单据往往不完整或很少，所以在对这类借款人进行经营情况评估时要准确掌握其销售或营业收入、利润情况是非常困难的。

二、小额贷款的服务理念

小贷机构要服务好小额贷款的客户，必须针对小额贷款借款人的上述特征来确定相应的服务措施和服务方式，满足小贷客户的需求，从而获得业务持续、稳定的发展。

小额贷款的服务理念是什么呢？那就是"方便、快捷、灵活"。办理贷款的过程中，要做到"方便、快捷、灵活"，这是小贷业务给客户留下良好服务体验最关键的环节。这看起来简单的几个字，要真正做好却是非常难的，小贷机构如果能够做好，就能获得很好的发展。

（一）"方便"的含义

"方便"就是在办理贷款的过程中让借款人感觉便利简单。说得更具体一点，办理贷款的过程中要做到以下两点：一是尽量要求客户去准备一些需要其他人或机构出具的证明材料，需要验证的信息尽量从客户现有资料中收集，在网上能查到的信息也尽量不要求客户提供资料（如公司章程可在国家企业信用公示系统查询，开通了网银的客户可在网上查询其银行流水，如果没有网银则必须去银行打印，征信报告也可在网上查询），当然对于一些核心资料不能在网上查询的则必须要通过相关机构提供；二是尽量做到少让客户奔走，有些事情可直接上门为客户办理。

（二）"快捷"的含义

"快捷"就是放款速度要快，从借款人提出贷款需求到贷款支付到借款人手中的时间要快。前面提到，小额贷款借款人的资金需求往往是即时性的，若等待时间太长，等资金到手时可能已经失去了使用的意义。但这不等于说，小贷机构为了赶时间放款，就省去了调查评估和风险分析这些重要的程序，而是要求小贷机构在做调查评估和风险分析这些重要程序时，要提高内部办事效率、优化贷款流程，提升从业人员的专业能力，将做调查评估和风险分析的时间尽量缩短，从而既做好风险防控又提升放款效率。要做到这一点，一是要求贷款机构在确保控制风险的前提下，优化贷款流程，减少不必要的环节，同时与之相关的各岗位要密切配合，协调一致，提升办事效率；二是要求主办客户经理要积极主动，不仅自己该做的事快速处理，同时也要协调好各部门、各岗位的工作，密切跟进。

（三）"灵活"的含义

"灵活"就是要根据不同借款人的实际情况确定不同的贷款方案。具体含义包括：一是放款方式灵活，从防范风险的角度，小贷机构肯定希望借款人能提供足额的抵押或有好的保证人提供担保，但前面提到，要让小额贷款借款人提供这方面的担保是非常困难的，所以在放款方式上要灵活。能提供抵押的可办理抵押贷款，能提供担保的可办理保证担保贷款，两样都不能提供的，就在借款人的还款能力范围内办理信用贷款。二是贷款产品灵活，由于小微贷的借款人千差万别，不可能用一种或多种固定的产品去满足不同借款人的需求，这就要求贷款产品要有高度的灵活性，或者是根据不同的借款量身定制贷款产品。三是还款方式要灵活，应当允许随时提前还款、部分提前还款、随借随还等。

　　"方便、快捷、灵活"的服务理念是小微贷款服务的核心，为了能做到和做好"方便、快捷、灵活"，就要求小贷机构在内部管理方面，如业务模式、人员管理和考核、信贷政策和信贷流程、产品设计、贷款的评估和风险分析等，围绕这个核心来设计和安排，确保"方便、快捷、灵活"能够顺利地贯彻、实施和体现。本书后面有关章节所讲的内容，也是围绕如何实现"方便、快捷、灵活"这个核心来阐述业务模式、人员管理和考核、信贷政策和信贷流程、产品设计、贷款的评估和风险分析的。

第三章　小额贷款机构的业务目标

小贷机构的业务目标往往取决于主要股东或实际控制人，小贷机构的目标包括业务规模目标和利润目标，以及短期目标和长期目标等。小贷机构的发展目标受很多因素的制约，如本机构的资金、贷款价格、人力资源、市场容量、竞争状况、宏观经济等。

一、业务规模目标

小贷机构的业务规模目标包括贷款的发放笔数和放款金额、贷款存量笔数和余额、贷款损失率等指标。

（一）放款笔数和放款金额

在不考虑资金限额的情况下，一般根据以下因素进行规划：如果小贷机构的贷款价格较高、业务人员较少、当地的市场容量小、竞争较激烈，业务目标量就要定得低一些，反之，如果小贷机构的贷款价格较低、业务人员较多、当地的市场容量较大、竞争较小，业务目标量可制定得大一些。

以目前小贷机构平均年利率为24％为例：如果小贷机构主要发放20万元以下的小微企业贷款，则一个成熟的客户经理每月的放款笔数一般为7～10笔，月放款金额为60万元至120万元；如果小贷机构主要发放20万元至100万元的贷款，一个成熟的客户经理每月的放款笔数一般为3～6笔，月放款金额为100万元至200万元；如果小贷机构主要发放100万元以上的贷款，一个成熟的客户经理每月的放款笔数一般为1～2笔，放款金额则会更高。根据上述一般人均业务量，结合本机构的人力资源，就可总体确定整个机构的业务量。当然，上述情况是假定市场竞争不是十分激烈情况下的业务量。

（二）贷款笔数存量和贷款余额

贷款通过上面介绍的方式确定放款笔数和放款金额后，再结合小贷机构的贷款产品类型就能基本确定在期末的贷款笔数存量和贷款余额了。贷款产品以分期还款为主的，其期末贷款余额会比整贷整还下的期末贷款余额少。

（三）贷款损失率

对于贷款机构来讲，贷款的损失率肯定是越低越好。贷款损失率目标的制定与以下两个因素有关：一是机构对贷款损失率的承受度，机构对贷款损失率的承受度与小贷机构的性质（如银行类、小额贷款公司类等）、资金成本、营运成本等有关，但贷款损失率的承受度与贷款价格具有最直接的关系，贷款价格越高，贷款损失率的承受度越高，贷款价格越低，贷款损失率的承受度越低。一般情况下，小额贷款公司的年利率如果在18%左右，可承受贷款损失率约为3%，年利率如果在21%左右，可承受贷款损失率约为5%，年利率如果在24%左右，可承受贷款损失率约为7%，如果超过这个数，基本就没有什么利润了。二是贷款损失率目标不能定得太低，如果定得太低，风险审核过于苛刻，可能会失去一些业务量，机会成本太高。因此，对贷款损失率要有一个合理的容忍度。

二、利润目标

利润目标包括总资产利润率、净资产利润率、净利润等指标。

（一）总资产利润率

总资产利润率是贷款净利润与信贷资产总额的比率。影响总资产净利润率的因素有贷款价格、资金成本、营运费用、贷款损失等。

以贷款价格为年综合利率等于24%为例来分析贷款的总资产利润率。如果小贷机构的主要目标客户是贷款金额在10万元以下的微小客户群体，做这样的贷款需要的业务人员较多，人力成本较大，运营成本较高，一般情况下会占贷款金额的8%～10%；风险控制好的情况下贷款损失率在1%左右，风险控制不好的情况下要保证贷款损失率不能超过3%；资金成本与资金的来源有关，如果是自有资金则没有成本，但这里我们还是要考虑资金的机会成本,当然如果是外来资金,则要根据实际情况确定。我们按7%～9%来估计资金成本。根据公式:总资产利润率＝贷款价格(24%)－营运成本(8%～10%)－贷款损失(1%～3%)－资金成本(7%～9%),最好的情况下总资产利润率可达8%,最差的情况下总资产利润率为2%。在上述因素中,最不可控的是贷款损失率,一旦贷款风险加大,贷款损失率很高,总资产利润率就是负的了,就会出现亏损。目前,正常情况下,小额贷款公司的总资产利润率在4%～6%。

如果小贷机构的主要目标客户是贷款金额在10万元至100万元的小企业客户,由于贷款金额提高了,需要的人员相对较少,运营成本会降低,一般占贷款金额的6%左右,在贷款价格、贷款损失率、资金成本不变的情况下,总资产利润率就会有较大提高,可达到6%～8%。当然,平均单笔贷款发放金额越高,如主要是100万元及以上的贷款,运营成本就会越低,总资产利润率就越高,但前提条件是一定要控制好风险,不能有很高的贷款损失率。

但现实的情况是,很多小额贷款公司发放的100万元及以上的贷款出现了很大的风险,原因是这类贷款客户本身情况很复杂,不容易全面掌握客户信息,变化太快,以及业务人员对这类客户评估的专业能力不足。所以,笔者认为,小贷机构发放10万元至100万元的贷款是最适合的,既能满足"小额、分散"的风险管理原则,又能取得最大的总资产利润率。

(二)净资产利润率

净资产利润率是贷款净利润与股东实际投资的比率。如果小贷机构的贷款资金中没有外债资金,全是股东的投资金额,则由总资产利润率加机会成本就可以确定净资产利润率目标了。如果有外部资金进入,则要根据外部资金占总资产的比率和总资产利润率来确定。在上述总资产利润率已确定的情况下,外部资金融入的比例越高,净资产利润率会越高,反之,净资产利润率会越低。

(三)净利润

对很多小贷机构来讲,每年能有多少利润是股东最关心的指标。

要取得利润最大化,就要对影响利润的各因素进行分析。

1. 贷款价格（包括贷款利息和其他各种名义的费用）合理。贷款价格越高，利润会越高，但其实贷款价格的确定是受很多因素制约的：一是法律法规的限制，根据目前的规定，年利率在24%以内的贷款是受保护的。二是借款人的承受能力，不能超过借款人承受能力来要求很高的贷款利率，这样反而会给贷款带来风险。同时，借款人感觉价格太高，可能只会合作一次，失去了继续合作的机会。三是利率越高，意味着所发放的贷款风险越高，因为只有高风险客户在不能获得较低价格贷款的情况下才会接受高价格的贷款。四是小贷机构要长远发展，必须要注重社会评价，不要给人留下这是一家高利贷公司的负面印象。

因此，笔者认为小贷机构的贷款价格应该在年利率24%以内，同时，参考当地市场的竞争情况、借款人的风险情况、贷款的担保情况等灵活确定。

2. 尽量降低资金成本。小贷机构的资金来源主要有两种：一是股东投资的自有资金，二是外部借入资金。由于自有资金不存在资金成本的问题，这里不讨论，以下介绍几类外部借入资金的成本问题。

（1）银行借入资金。如果是从国有银行借入资金，其利率是相对便宜的，如果是从股份制银行借入，利率相对要高一些。目前对小贷机构从银行借入资金有政策限制，借入资金不能超过注册资金的50%，这一政策在有些地方已经有所松动，但放开的幅度不大。

（2）资产证券化。小贷机构面向金融机构开展资产证券化，也可以获得较低成本的资金。但要做资产证券化，对小贷机构的资质要求是非常高的，同时程序较复杂，所需时间较长。

（3）上市融资。在少数小贷机构上市成功后，不少的小贷机构都有了上市融资的想法。但上市融资其实并不便宜，且对小贷机构的要求也是很高的。要想上市成功，前期所需各项费用非常高（有可能需花费几千万元），如果融资额度较小，则成本率是很高的，所以融资额度越高越划算。

（4）同行借入或社会融资。目前通过同行借入或社会融资的成本相比向金融机构借入资金的融资成本偏高。

（5）设立P2P平台融资，或与P2P平台合作融资。现在不少小贷机构的股东通过设立 P2P 公司吸收资金发放贷款，实际经营由小贷团队负责。笔者认为这是有效解决小贷机构资金难题的一个途径，但能吸收多少资金、吸收资金的成本有多少要取决于 P2P 平台的运营能力。也有直接与其他 P2P 平台合作融入资金的，由于 P2P 平台自身需要获取一定的利润，这样的资金成本也是偏高的。

3. 尽量降低运营费用。运营费用主要包括员工工资、场地租金、办公费用等。

（1）员工工资是营运费用中最大的一笔支出，这里不是指要压低员工工资，而是需要给员工一个合理的、有竞争力的、能激励员工积极性的薪酬考核体系（在本书第五章详述）。小贷机构内部的岗位设置要合理，尽量精简岗位，从而减少人员费用的开支。

（2）办公营业场所尽量找租金便宜的地方，减少租金支出。

（3）日常办公费用主要包括差旅费、办公用品费用等，要教育员工养成节约的习惯，从每一件小事做起，日积月累。

4. 控制好贷款风险，降低贷款损失率。对于小额贷款的投资者而言，获得回报是必然的要求，但小贷行业是一个需要积累和沉淀的行业，不能幻想在短期内获取很高的回报。从上面的分析可以看出，贷款金额越小，资产回报率越低，贷款金额越高，资产回报率越高，但问题是，贷款金额越高，对贷款评估和管理的专业要求就越高，实际上，很多小贷机构的风险评估能力是达不到的，所以结果是发放的贷款金额越高风险越大。

小额贷款具有"小额、分散"的特点，客户较简单，对业务人员的风险管理能力要求不高，所以总体风险较小。但做这类贷款资产回报率较低，不可能一开始就有利润，只有当客户积累到一定数量，贷款余额达到一定规模后才会开始盈利，虽然总体利润率不高，但只要管理得好，盈利会非常稳定，不会出现大起大落的情况。

第四章　小额贷款的业务模式

第一节　小额贷款业务组织架构

一、小贷公司主要业务模式

目前传统小额贷款公司的业务模式主要有两种：IPC 技术模式和信贷工厂模式。

（一）IPC 技术模式

IPC 技术模式是德国国际项目咨询公司（简称 IPC 公司）推出的一套专门针对微小企业贷款业务的信贷技术模式，其核心包括对客户风险控制和小贷机构内部的风险控制，客户风险控制指通过实地走访和交叉验证等方法评估客户的还款意愿和还款能力；小贷机构内部风险控制是以信贷员为核心参与到贷款的营销、评估、贷后管理等贷款业务的全流程，合规审计等岗位监督的信贷员的业务行为，对信贷员的业绩和风险双重考核。类"IPC 技术模式"，是将 IPC 技术引进中国后，针对中国的小微企业的特点和中国小贷机构自身的特点，进行本土化改良后的小微贷款技术模式，这种模式是以业务部门为核心，业务人员既负责业务的拓展又负责风险的管理。在这种模式下，一线的客户经理要负责营销、评估、贷后管理和回收，参与贷款的全流程。

在 IPC 技术模式下，业务人员的组织结构如图 4－1 所示。

这种组织架构具有以下特点。

一是业务的开展和风险控制都是由业务团队自己完成，没有单独的风险控制团队，根据贷款金额的大小由有权审批的人员进行贷款的审批发放，

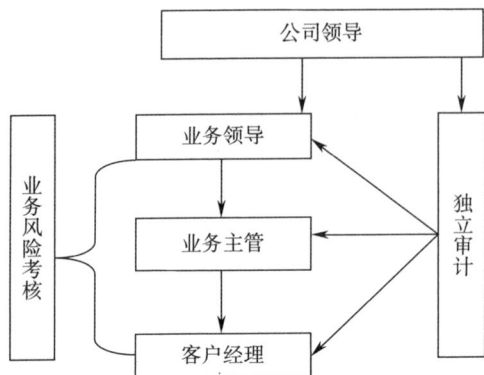

图 4 – 1 IPC 技术模式下业务人员组织结构

业务和风险的权衡完全由业务系统专人决策。

二是对业务团队的考核既考核业务的发展，又与贷款风险紧密挂钩。

三是由公司管理层直接领导的审计机构对所有的业务行为进行独立的审计，但对业务不进行任何干预，审计结果对公司管理层负责。

（二）信贷工厂模式

信贷工厂模式是指贷款机构将贷款的营销、贷款信息的调查、风险分析、贷款审批、贷后管理由不同岗位的人员完成，像工厂的流水线作业一样，每个岗位只负责固定的流程操作。对人员的考核，也只针对该岗位所负责的工作进行考核。这种模式下信贷业务流程被划分为若干模块，由不同的部门负责。一般情况下，由业务部负责业务开发，风险部负责风险评估和贷后管理，有的小贷机构将贷后管理交由专门的客户服务部负责。

在信贷工厂模式下，业务人员的组织结构如图 4 – 2 所示。

这种组织架构具有以下特点。

一是业务的开展由业务团队负责进行，贷款的风险由风险控制团队进行。当有贷款业务时，业务人员负责对贷款进行初步的调查和了解，风控人员对贷款进行全面的调查和风险分析，贷款的审批决策由风险控制团队进行。

二是对业务团队的考核只注重业务量的发展，与风险控制没有关联或关联不大；对风险控制团队的考核注重风险的控制，与业务量没有关联或

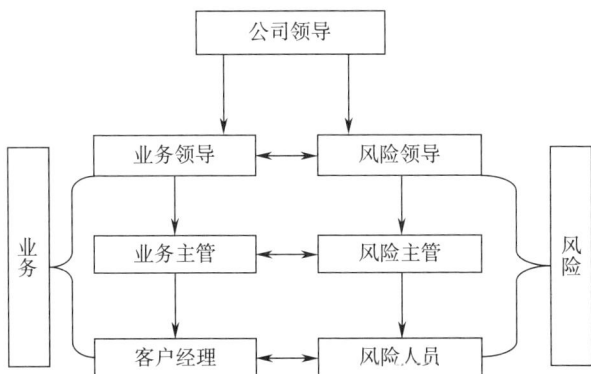

图 4 - 2　信贷工厂模式下业务人员的组织结构

关联不大。

三是在这种组织架构下，由于风险控制人员担了很大的审核审计责任，一般不会有单独的审计机构，即使有功能也相对较弱。

二、每种组织架构的优劣分析

（一）IPC 技术模式的优劣

这种模式具有以下优点。

1. 这种组织架构由于业务和风险控制由同一团队完成，不受其他部门的牵制，效率比较高。

2. 由于对业务发展和风险控制同时进行考核，业务人员在选择和操作业务时，责任心较强，对风险的甄别会更慎重，风险意识更强。

这种模式的缺点主要包括：

1. 业务团队自主权大，如果有品德不好的业务人员有违规行为，不容易及时发现，容易出现人为的操作风险。虽有审计人员进行审计，但一般都只能在事后才发现问题。

2. 由于既要负责业务的开拓，又要控制好风险，这就要求业务人员有较高的素质，这对小贷机构的人才培养来说是个挑战。

（二）信贷工厂模式的优劣

这种模式具有以下优点。

1. 由于贷款的调查和风险的分析决策是由经验更丰富、更专业的风控人员来做的，因此贷款决策更趋于理性，能够更好地控制贷款风险。

2. 由于在操作贷款时，需要有两个部门的人来共同完成，形成了相互牵制和制约，不容易出现违规舞弊行为。

这种模式的缺点主要包括：

1. 由于贷款操作是由两个部门共同完成的，操作程序会比较复杂，因此贷款效率会比较低。

2. 在这种组织架构下，业务部门的考核一般只注重业务量，风险控制部门只注重风险控制质量，由于考虑的重点不同，很多时候对同一笔贷款，两个部门会产生意见分歧，如果调整不好，部门之间会出现矛盾。

3. 由于业务人员只考虑业务量，有可能会与借款人进行串通，帮借款人应对风险控制人员的调查和审查，从而对贷款造成很大风险。

三、适合小贷公司业务的组织架构

一家小贷公司究竟应该选择哪种组织架构形式，笔者认为要考虑以下两个方面的因素：一是根据自身的市场定位来决定。如果市场定位是做微小贷款，由于这类贷款业务量较大，风险控制难度不大，但要求放款速度要快，如果选择信贷工厂这种决策程序较复杂的组织架构，显然是不合适的，因此选择 IPC 模式的组织架构较合适；如果市场定位是做中小企业贷款，由于贷款额度相对较高，对风险的判断和把握要求的专业性更高，贷款决策应该更谨慎，所以选择信贷工厂的组织架构更合适。

二是根据小贷公司员工的综合素质（包括道德品质和风险控制业务技能）来决定。如果员工的综合素质高，则 IPC 模式下的组织架构更好；如果员工的综合素质有差距，则信贷工厂的组织架构较合适，也就是说要选择风险控制能力更强的人员做风控人员。

如果一家小贷公司既做小微贷款，又做中小企业贷款，同时大多数员工对中小企业贷款风控能力不足，在这种情况下，笔者认为可结合两种模式的优点，小微贷款由业务团队单独决策完成，根据中小企业贷款量的多少，可单独设置一个相应规模的风控团队。也就是说，超过一定额度的贷款就要由更专业的风控人员参与贷款的调查、分析和决策了（见图4-3）。

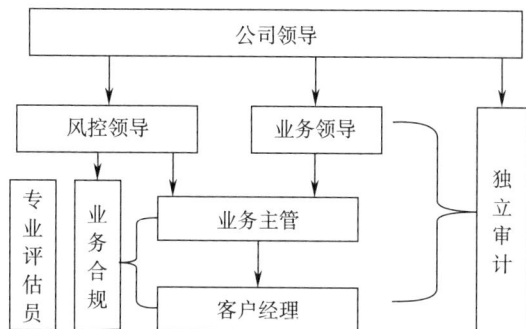

图4-3 两种模式结合下业务人员组织架构

在这种组织架构下，小金额的贷款由客户经理、业务主管负责评估和审批，设立业务合规岗位对贷款流程进行检查，对于金额较大、超过客户经理和业务主管评估能力的贷款，由更专业的评估员进行评估，由风控领导和业务领导进行审批，审计人员做事后的审计。这样既满足了小额贷款快速决策、快速发放的要求，又能对大额贷款控制好风险。

举例说明：

某小额贷款公司业务团队有客户经理100人，发放的贷款额度在1万元至100万元，客户经理的评估能力、风险分析能力在20万元以下。针对这样的情况，可采取如下模式：

对于20万元以内的贷款，由一线的业务团队负责营销、风险评估、贷后管理、合规岗位监督等贷款的全流程。对于超过20万元的贷款，客户经理接到借款人的贷款申请后，由评估能力更强的专业评估人员协助一线业务团队对贷款进行评估与贷款决策，放款后贷款仍由客户经理负责。

这样，对于金额小的贷款能保证放款的效率，对于金额大的贷款又能够较好地识别风险。

四、各岗位的工作职责

（一）客户经理

客户经理要负责贷款从营销、评估到贷后管理的全流程，这样可以确保贷款的放款效率。如果将贷款的各个环节交由不同的人来做，会大大降低放款的效率。具体来讲，客户经理主要有以下工作职责。

1. 贷款营销。客户经理首要的工作就是要在市场上进行持续的营销，向潜在的客户宣传小贷机构、宣传本机构的信贷产品和服务，让潜在客户了解自己所在小贷机构，了解自己，并与潜在客户建立良好的联系，当潜在客户需要资金时，能让他（她）第一时间联系自己。

2. 贷款评估。当有客户提出贷款需求时，客户经理要负责对贷款客户进行评估，并做好评估报告，向审贷会陈述。

3. 客户关系维护及贷后管理。放款之后，客户经理负责对贷款进行贷后检查，包括对客户的贷后回访和风险排查。同时要做好与客户的关系维护，与有贷款需求的客户长期持续地合作。

4. 贷款的回收及催收。当贷款到期时，客户经理要负责联系提醒客户还款；当贷款出现拖欠时，客户经理是主要责任人，负责与客户联系，了解出现拖欠的原因，并及时介入处理。当催收难度较大时，应由其他人员给予协助。

（二）业务主管

这里讲的业务主管是指每个业务团队的负责人，例如，每个业务小组、每个营业部、每个营业门店等。业务主管作为一个团队的负责人，管理着一个团队，在整个工作中起到承上启下的作用，是一个非常重要的岗位。业务主管的工作职责主要有：

1. 团队日常管理。负责团队日常的工作计划与安排，人员工作的分配，每个人任务的督促与跟进，团队的协调与协作。

2. 团队培训。作为团队的负责人，他的业务能力和专业能力是团队中最好的，他需要将他的经验和能力传授给他的团队成员，特别是新进的成员，对团队成员的培训是团队负责人的一项重要工作。

3. 组织营销。制订本团队的营销计划，组织团队成员营销，跟踪营销效果。

4. 协调贷前复审，前面提到，贷款评估主要由客户经理负责，但是，为了防范客户经理的道德风险，弄虚作假发放贷款，同时防止客户经理评估出现失误，需要对客户经理的评估进行复核。业务主管是进行贷前评估复核的主要责任人。

5. 授权金额内贷款的审批。将一定金额内的贷款交由一线的业务团队直接审批，是提高放款效率的重要举措，团队内的业务主管是审批责任人。

6. 组织催收。客户经理对自己负责的拖欠贷款不能处理，需要帮助的，业务主管要组织团队成员协助催收拖欠贷款。

（三）合规岗

这个岗位主要是对放款前业务流程的监督，监督的内容主要是客户经理、业务主管等岗位是否执行了信贷政策的规定，是否执行了相应的程序。如评估中是否到客户经营现场进行调查、是否家访、应收集的资料是否齐全等。这个岗位的监督是程序监督，不对贷款本身负责。

（四）专业评估人员

前面也提到，客户经理（也包括业务主管）对一定金额内的贷款可以自行评估，但超过一定金额的贷款，往往会超过其评估能力，这时，就需要由评估能力更强的专业评估人员协助进行评估。

（五）业务领导

业务领导主要负责业务发展计划的制订及落实、业务政策的制定、产品的设计、各业务团队日常业务监管、超过业务团队授权范围的贷款审批。

（六）风控领导

风控领导主要负责风险政策的制定、日常风险的监管、风险的处理、超过业务团队授权范围的贷款审批。

（七）独立审计

独立审计主要对贷款的各环节、各岗位进行审计。审计的主要内容是在贷款全流程中有无违规行为。如评估人员是否按规定进行了评估、是否按规定进行了审批、有无受贿行为、合规人员在放款前是否进行了合规审核、是否按规定进行了贷后检查以及其他各岗位是否履行了自己的职责。

第二节　小额贷款发放流程

一、业务流程

根据本章第一节确定的业务组织架构，贷款的业务全流程主要包括以下步骤（见图4－4）。

第一步：客户经理营销，寻找潜在客户。

第二步：潜在客户提出贷款需求，与客户经理联系，客户经理与客户初步接触，确定贷款意向。

第三步：客户经理对客户的还款意愿和还款能力进行评估，对客户的人品、信用记录、收入、资产、负债等情况进行全面的了解。

第四步：根据贷款申请金额的大小，由业务主管或专业的评估人员再对客户经理所做的贷款评估进行一次复评。复评的方式为复评人员先对客户经理的评估结果进行分析，发现哪些信息需要补充，还需要提供哪些资料，或哪些信息的真实性有待进一步确认，复评人员再与客户进行交流并到现场实地考察，有针对性地再次评估。

第五步：客户经理和复评人员将两次评估的结果进行综合分析，确定出最接近真实情况的信息，由客户经理填写在评估报告中。

第六步：将评估报告和收集的贷款资料提交至审贷会进行审批。审贷会根据评估出的客户的财务信息和非财务信息确定放款的方式和金额。

第七步：在放款前，合规人员对前面的贷款流程进行审核：贷款评估是否按规定进行了复评、是否按信贷政策的要求进行的评估和收集的资料、贷款审批程序是否符合规定等。

第八步：合规审核完毕，没有问题，交由财务部放款。

放款时，在签订借款合同及其他借款文件这个环节，要根据小贷机构内部人员的情况来确定由谁来负责。可由客户经理、合规人员或者财务人员负责，也可单独设立一个签署合同的岗位。一般情况下，小贷机构营业网点多、分布广，为了方便客户，应选择在附近的营业网点签合同，这样可由客户经理、营业网点的合规岗位负责签署合同，或者营业网点单独设立岗位负责签合同，财务审核合同无误后放款；如果小贷机构营业网点少、客户比较集中、放款笔数少、放款金额大，可由财务直接负责签合同，或总部单独设立负责签合同的岗位。

对于资金的支付结算方式，为了方便贷款资金的支付和贷款资金的回收，建议与银行或第三方支付平台进行合作，让借款人办理一张带有代扣功能的银行卡，贷款支付到这张银行卡上，当还款时，借款人直接将需要还的本金及利息存在这张有代扣功能的银行卡上，小贷机构直接通过这张银行卡扣款。

第九步：贷后管理。放款之后，由客户经理进行贷后检查，对借款人进行日常回访和贷款到期时的还款提醒。

第十步：客户关系维护。为了能与客户进行长期的合作，让客户成为小贷机构长期的合作伙伴，客户经理应在贷款全流程中做好与客户关系的维护。

第十一步：贷款的回收。客户经理除了在贷款到期前提醒还款外，借款人如没有按时还款，要负责与借款人联系，做好催收。

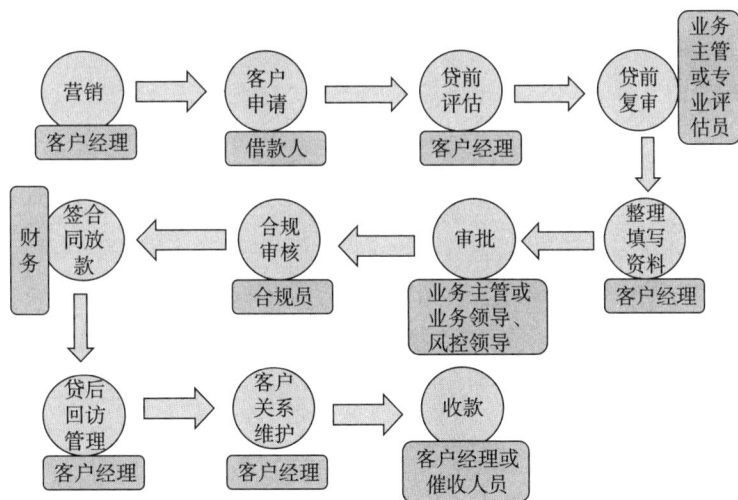

图 4 - 4 贷款的业务流程

二、评估流程

根据业务全流程，贷款评估流程主要包括以下步骤（见图4-5）。

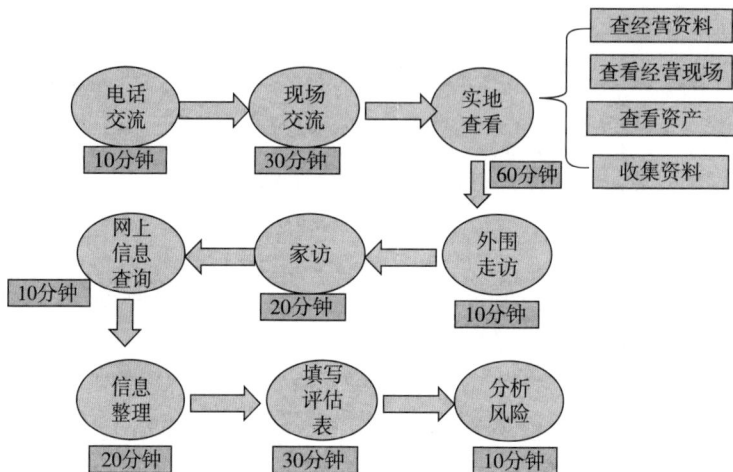

图4-5　贷款的评估流程

第一步：潜在借款人与客户经理联系，客户经理此时与之进行一个简单的交流，了解借款人的大概情况，初步判断其是否符合贷款要求。

第二步：通过初步交流，客户经理认为潜在借款人符合贷款条件，可与借款人约定面谈交流，详细了解借款人的情况。

第三步：实地考察，现场查看借款人的经营地，查看经营资料，实地走访借款人的固定资产现场查看情况，收集相关资料，将与借款人交流的信息与现场查看和收集到的资料上的信息进行交叉核对，看有无不相吻合的地方，如有差异，再与借款人交流产生差异的原因。

第四步：外围走访，对借款人的亲友、同事、员工、上下游的生意伙伴进行走访，从这些人那里了解借款人的情况。

第五步：对借款人的家庭进行走访，主要目的是了解借款人的居住地、居住条件、家庭婚姻状况等。

第六步：网上信息查询。现在网上有大量的信息可供查询，特别是个人的不良信用记录、被执行记录、诉讼记录，以及企业的登记、股权、抵质押、处罚等相关信息，通过网上信息查询，有可能会了解到通过其他调查方式了解不到的信息。

第七步：信息整理。客户经理将通过面谈交流、现场查看、外围走访、家访、网上查询得到的信息进行交叉检验和整理，去伪存真。

第八步：将整理后的信息汇总并填写评估报告。

第九步：根据所汇总的信息，对贷款风险进行分析。

以上评估流程不包括路上的行程及其他情况，整个过程理论上约200分钟可以完成。

三、审批流程

小贷机构应对贷款建立"分级授权、一次审批"的审批机制。分级审批是将审批权限分为若干级别，金额较小的贷款可授权由较低级别的岗位完成，金额较大的贷款由较高级别的岗位审批。例如10万元及以下的贷款由各业务团队的业务主管审批，10万元至50万元的贷款由业务领导或风控领导审批，50万元以上的贷款由公司领导审批。这样的目的是提高审批效率，提高放款速度。贷款审批的流程见图4-6。

第一步：审批人员先看评估报告和审核资料，通过评估报告和资料分析贷款。

第二步：由客户经理或其他评估人员对贷款情况进行陈述。如果审批人员还有不清楚的事项，再直接询问陈述人。

第三步：审批人员讨论分析贷款。

第四步：作出贷款决议。

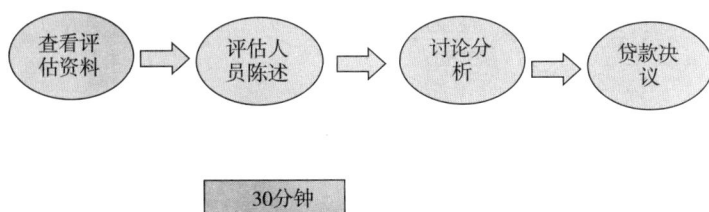

图4-6 贷款的审批流程（分级授权，一次审批）

在不考虑其他因素的情况下，预计上述贷款的审批流程可在30分钟内完成。

四、放款流程

前面提到，为了提高效率，无论是放款还是贷款的回收，建议小贷机构通过银行卡代扣方式来操作（借款人的银行卡最好是小贷机构开户银行的）。这就需要借款人先要有一张银行卡，同时要借款人办理好授权小贷机构代扣的手续。放款时，将钱支付在这张银行卡上，每次还款时，借款人将钱存在银行卡上，小贷机构在还款日扣款。放款的流程见图4-7。

第一步：由确定的岗位负责打印准备好借款合同、分期还款表等贷款文件。

第二步：借款人签署借款合同、分期还款表等贷款文件；借款人签订贷款文件时，一定要仔细核对借款人的身份，将身份证件与借款人进行仔细核对，同时要当面签字。签字时可拍照保存。

第三步：财务审核借款合同、分期还款表等贷款文件。

第四步：支付贷款。

在不考虑其他因素的情况下，上述放款流程预计在30分钟左右完成。

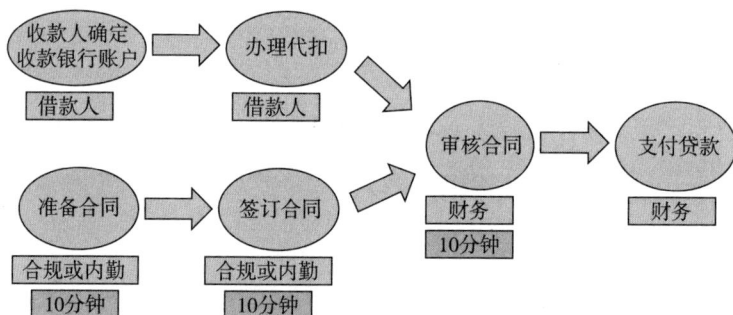

图4-7　贷款的放款流程

理论上讲，从借款人提出贷款申请到贷款的支付，单笔贷款办理的时间可在260分钟左右完成，这个时间并不长，当然这中间不含路上行程及其他因素。所以，要提高放款效率，首先就要确保从贷款申请到贷款发放整个流程是通畅的，各个部门、各岗位之间的配合是紧密的，尽量减少各环节的时间，比如，贷款审批能做到即报即审，合规审核也能随时审核，合同也可随到随签；其次客户经理和贷前复评人员在时间安排上要合理，尽量减少在行程上的时间。综合各种因素之后，以上贷款流程可在三个工作日内完成。

五、贷后管理流程

贷款的贷后管理流程主要包括以下步骤（见图4-8）。

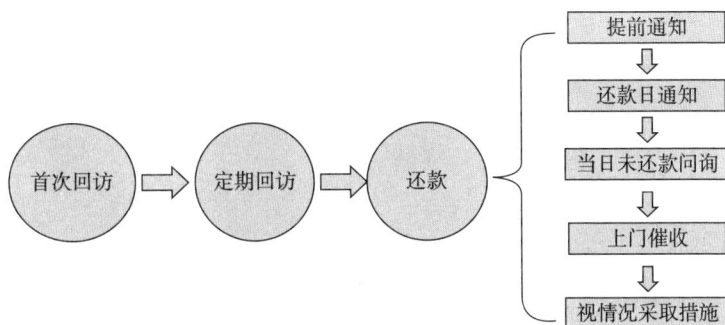

图4-8　贷后管理流程

第一步：首次回访。放款后短时间内（一般在一周或二周内）进行第一次回访，这次回访的目的是核实贷款是否用在了确定的用途上。

第二步：定期回访。在第一次回访后，借款人无异常情况或风险，可定期对借款人进行回访，可以是一个月回访一次，也可是一个季度回访一次。

第三步：还款。这里主要是在还款日之前或还款当日做好对借款人的还款提醒。

第五章　小额贷款机构人员管理

第一节　员工招聘与培训

一、员工的招聘

（一）小贷业务需要什么样的员工

小贷业务是一项辛苦、细致、专业的工作，同时也是对从业人员思想素质要求较高的一项工作。因此，小贷业务的从业人员应具备以下几项基本素质，在对应聘人员进行初始考察时，应着重关注这几个方面。

1. 良好的道德品质。小贷机构经营特殊的商品——货币，从业人员直接与钱接触，是易产生腐败和违规的行业，因此，从业人员最重要的是要有良好的道德品质。如果小贷机构频繁出现员工的腐败和违规行为，不仅会影响业务的发展，也会对贷款资金构成严重的风险。之前就有小贷机构内部人员的违规行为导致小贷机构出现大量呆账贷款而被迫停业。

为了确保员工有良好的道德品质，在与员工签订正式的劳动合同前，应对其之前的工作单位进行调查，对其进行家访，了解员工的家庭情况，通过查询员工本人的征信记录等来了解和掌握员工的道德品质情况。

2. 能吃苦的精神。小贷机构的业务循环是寻找业务—发放贷款—回收贷款，要求业务人员不断地开展营销宣传、拜访客户、调查评估、贷后管理、逾期贷款催收等工作，且长期在与各种各样的人打交道，特别是做小微贷款业务的，管理的贷款笔数非常多，是非常辛苦的，所以要求业务人员要能承受得住压力，要吃得下苦。

3. 善于学习和总结的能力。小贷机构的从业人员要有丰富的营销经验，同时又要有专业的风险控制能力。除了要掌握营销和风险管理的理论知识外，还需要从实践中不断积累，对成功与失败的营销案例要进行总结，也要对每一例风险案件进行总结，这样才能不断提高业务水平。业务人员要与各行各业的人打交道，这些人的行业背景不同、知识面不同，要想顺利地与之交流，就需要有广博的知识面。要达到这样的层次，没有善于学习和总结的能力是不行的。

（二）小贷业务员工来源构成

上文提到，业务人员最重要的是要有良好的道德品质，其次是能吃苦的精神和善于学习和总结的能力，因此，招聘人员时，不一定非得要求要有多高的学历背景和多丰富的从业经验，只要思想品德好、能吃苦肯干、善于学习和总结就可以录用。高中学历及以上，或是刚毕业的学生，或是务工人员，或是退伍军人等，都可以成为小贷业务的从业人员，这些人员往往具备吃苦精神，虽然专业能力可能有欠缺，但只要善于学习和总结，专业能力是可以通过后期的培训来培养的。当然，如果有思想品德好、能吃苦又专业的人更好。

二、员工的培训

小贷机构要将对员工的培训作为一项非常重要的工作来做，要舍得花时间和成本，员工的能力是小贷机构业务良好发展的保障，员工的能力提升了，小贷机构的发展才具有潜能。

（一）小贷业务需要业务人员具备哪些能力

小贷业务从业人员要能做出较好的业绩，必须要具有较强的能力，主要是营销能力和风险管理能力，包括丰富的知识、良好的社交能力与语言表达能力、较强的应变能力与观察力。

（二）培训内容

要让一名新录用的员工通过快速培训就达到上述各种能力是不可能的，除了培训外，主要靠员工的学习能力和本身的潜质，要在工作实践中不断地总结和学习。在新录用员工的培训内容中应主要包括本公司的信贷政策与制度、信贷产品、营销专业知识及营销案例、风险评估与风险管理知识以及风险案例分析等。

（三）如何培训

1. 课堂培训。信贷政策制度、信贷产品、专业理论知识需要通过课堂培训的方式进行，可在员工新入职时对其进行集中讲解。

2. 案例分析培训。为了增加员工的实践经验，可将以前的一些典型案例进行分析讲解，让他们知道当遇到这些问题时该采取什么样的措施。

3. 现场实践培训。让经验丰富的老员工带领新员工到营销现场、评估现场实地感知业务流程，将理论与实践对比，锻炼新员工现场的把控能力和应变能力。

4. 会议培训。利用晚会的时间对员工当天的工作进行梳理和总结，帮他分析当天工作中的经验，对存在的不足提出应该如何改进；利用早会的时间对当天要做的工作进行指导，告诉他如何做会更好。

5. 个案培训。对于新员工最初的业务，每发生一笔时，要帮他分析这笔业务做得好的地方，让他继续保持，对于有缺陷的地方要告诉他今后要如何改进。

6. 网络培训。建立网络学习平台，将相关知识放在这个学习平台上，让员工学习，达到增加员工学识、开阔员工视野的目的。

第二节　员工日常管理

小贷机构作为服务性的机构，既要发展业务，发放更多的贷款，同时又要控制风险，确保贷款能安全的收回，因此，小贷机构对业务一线员工的管理与其他服务性机构和一般商业机构有所不同。但要管理好一线员工，业务主管要承担很大的责任。小贷机构选择的业务主管，一定是对小贷机构忠诚、有责任心、经验丰富、能力强的人。员工日常管理主要应包括以下内容：

一、清晰、明确的目标任务

小贷机构对员工进行目标管理，要求其在一定时期内必须完成一定的任务量。任务期间可以按月，也可按天、按周、按季，一般情况是按月定任务；任务的内容主要是放款量和贷款的不良率，并将这两项最重要的任务直接与奖金挂钩考核。按天、按周定任务的内容一般是潜在客户的拜访量、客户信息收集量、老客户回访量等辅助指标。

二、严格的考核制度，奖罚分明

既然有任务也就要有相应的考核，并且考核一定要严格，按照确定的考核方案执行。如果不按既定的考核方案执行，或执行有偏差，就会失去考核的严肃性，对员工的激励作用就会严重削弱。具体的考核管理在本章第三节详细阐述。对长期不能完成任务的，应实行淘汰机制。

三、日常工作情况的检查跟踪

对于业务一线的员工来讲，平常的主要工作就是营销拜访潜在客户、评估分析贷款、贷后管理和维护客户关系。为了确保上述工作有效展开，就需要对其日常工作进行跟踪。例如可采取早晚会的形式：在早会上让其制订出一天的工作计划、工作内容和要达成的工作目标，在晚会上对一天的工作进行对照检查，跟踪其工作完成情况。

四、日常的培训

上文提到，要对员工进行日常培训。日常培训的主要内容包括：一是对新的或更新了的政策制度进行学习，二是对业务技能进行培训。由于在入职培训时主要以理论知识为主，因此在营业网点的培训应主要以案例培训为主，这样可以让被培训者有直观的体验，也更容易接受。

五、充分的沟通交流

一线员工由于工作压力大，情绪易波动，或由于种种原因，业务拓展较慢，作为小贷机构的管理人员应与员工多交流，了解他们的想法，倾听他们的意见和建议，帮他们解决困难，疏解存在的矛盾，让员工以良好的心态投入工作。

第三节 员工薪酬管理

一、考核目的

对员工的考核就是对员工的指挥棒，一个好的员工考核方案要能激发员工的工作激情，是业务发展和风险控制的前提。一家小贷机构的员工考核方案应至少达到以下两个目的。

一是要能充分调动员工的工作积极性，发挥其主观能动性，要让其知道只要努力，有好的业绩，就能获得较好的薪资报酬。二是要让业务人员有高度的风险意识，在发展业务时要注意风险的把控，确保贷款本息的安全收回。

二、考核内容

基于以上考核目的，考核内容主要包括以下两个方面。

（一）业务考核

以业务人员的业务量为考核标的，具体有以下几种。

1. 以客户经理每月的贷款发放笔数为依据，按贷款笔数计算奖金；

2. 以客户经理每月的放款金额为依据，按放款金额的一定比例计算奖金；

3. 以客户经理在每月月底的贷款余额为依据，按贷款余额的一定比例计算奖金；

4. 以客户经理所管理贷款的每月收入为考核依据，按收入的一定比例计算奖金。

以上几种计奖依据，可以根据一项或多项来计奖，应根据小贷机构的业务定位来确定。如果以小微贷款为主，建议以贷款笔数作为计奖依据，如果以中小企业贷款为主，建议以贷款发放金额或贷款余额或收入为考核依据。

（二）风险考核

以业务人员的风险贷款为考核标的，主要以不良贷款率为考核依据。

如果不良率在一定标准以下，可全额领取奖金，如果不良率在一定标准以上，不发奖金，在两者之间的，按相应的比例领取奖金。

三、考核方式

在两种不同的组织架构下，考核方式是不一样的。

在IPC组织架构模式下，业务人员既要发展业务，同时又要管控贷款风险，因此对其考核也是双重的，既要考核业务又要考核风险。如业务员张三，既要按其业务量给予奖励，同时也要对风险贷款进行惩罚。

在信贷工厂组织架构模式下，业务员只发展业务，对其考核时只能按其业务量的多少计奖，同时，相对应的风险控制人员只负责风险的把控，对其考核时只能按出现的风险贷款的多少来惩罚。如业务员张三，他的奖金多少只与他的业务量有关，业务量越多奖金越多，奖金的多少是进行"加"的；风控员李四，他的奖金多少跟他评估的贷款的风险大小有关，风险越大惩罚越大，奖金的多少是进行"减"的。

四、考核的实施

考核的实施可按月考核、按季考核、按半年考核或按年考核。在制定出考核制度后，应严格按照制度进行考核，不能随意变更，以保持考核的连续性。若经常变更会对业务人员的工作态度产生影响。对日常的业绩最好是按月考核，以保证考核的时效性。

考核举例一

甲公司是一家以小微贷款业务为主的小额贷款公司，采用IPC技术模式的组织架构。这家小贷公司的考核制度主要包括以下内容：

业务人员的底薪是3000元，每月的任务量是10笔贷款，10笔贷款以内每笔贷款的奖金为200元，10笔以上每笔贷款的奖金为300元；风险考核按每月末的不良贷款为依据，不良贷款率在0～3%的，按不良贷款率占3%的比例扣减奖金，超过3%的，扣完当月全部奖金。

小张是这家公司的业务员，当月他发放了15笔贷款；他的贷款余额是600万元，月末他的不良贷款有3.6万元，不良贷款率为0.6%。

则当月的奖金：$10 \times 200 + 5 \times 300 = 3500$（元）

当月因不良贷款需扣减：$3500 \times (0.6\% \div 3\%) = 700$（元）

当月的工资：$3000 + 3500 - 700 = 5800$（元）

考核举例二

乙公司是一家以中小企业贷款为主的小额贷款公司，采用信贷工厂模式的组织架构。这家小贷公司的考核制度主要包括以下内容：

业务员的底薪是3000元，每月的任务量是发放100万元的贷款，100万元以内按发放额的0.5%计奖金，100万元以上按发放额的0.7%计奖金。业务员只负责开拓业务，找到业务后由风控员负责评估审核。

风控员的底薪是4000元，每评估一笔贷款有奖金300元，另有风险考核奖金6000元，风险考核按所评估贷款每月末的不良贷款为依据，不良贷款率在0~3%的，按不良贷款率占3%的比例扣减奖金，超过3%的，扣完当月全部风险奖金。

小张是这家公司的业务员，当月放款80万元。小李是这家公司的风控员，当月评估贷款5笔，月末他评估的贷款余额是6000万元，不良贷款有120万元，不良贷款率为2%。

小张当月的工资：$3000 + 800000 \times 0.5\% = 7000$（元）

小李当月的工资：$4000 + 5 \times 300 + [6000 - 6000 \times (2\% \div 3\%)] = 7500$（元）

五、对定位于贷款额度在 1 万元至 100 万元的小贷机构的考核方案

1. 将客户经理按管理贷款的笔数分级，管理的贷款笔数越多，级别越高，相应的给予的底薪越高。

2. 对于新入职的客户经理，由于能力和经验不足，先期不能评估和管理金额较大的贷款，为了锻炼其能力，应尽量让其先做小金额的贷款。在这样的考虑之下，新人的奖金考核应主要以笔数为依据；对新人而言，前期可能是不会给小贷机构带来效益的。

对于入职时间较长，评估和管理贷款的能力较强的客户经理，他们是

给小贷机构创造效益的群体，因此需要他们去开发、管理金额较大的贷款，这时在考核导向上应以贷款的金额为依据。

3. 以笔数为依据进行考核的，应采取以笔数的存量和流量相结合的方式进行考核，即既按现有存量笔数给予相应的底薪，又按当月的实际放款笔数给予奖金；以余额为依据进行考核的，应采取以存量为主的考核方式，即按每月月末实际贷款余额的一定比例计算当月奖金。

流量考核方式对客户经理的短期业绩有较大的刺激影响，也就是客户经理当月放款多，就多拿奖金，当月放款少，奖金就少，这就导致收入的不稳定，这是一个短期的考核方式。而存量考核方式由于是以月底的存量为计奖依据，一般情况下，每月的存量变化不会太大，奖金每月的变化也不会太大，这是一个长期的考核方式。

从客户经理开发业务的规律来分析，相比较而言，存量考核方式更合理一些。客户经理开发业务有的月份会多一些，有的月份会少一些，不会一直保持较高的业绩，因为客户经理开发业务都有一定的疲劳期，或者说瓶颈期，以存量考核能保证客户经理在瓶颈期也能取得稳定的收入，这样能够在长期给予客户经理一个激励导向。也能让客户经理更稳定，不会轻易有离职意向。

同时从风险的角度分析，以放款量作为考核依据存在一定的风险。主要原因一是业务人员在放款时很难在业务和风险之间进行平衡，由于放款后可以立即领到奖金，而风险可能会在几个月后才会出现，此时，放款的冲动往往会占据上风，从而忽略可能存在的风险；二是在发放贷款时就给了业务人员奖金，但发放的贷款最后能带来多少收益，会不会出现风险损失等都还是不确定的，存在业务人员的奖金收入与贷款本身的收益与风险不匹配的风险；三是新的业务人员缺乏评估客户风险和管理客户的能力，但在这种考核方式下，他们必然会发放大额贷款，增加了贷款的风险性。

考核举例三

某小额贷款公司有关考核规定如下。

1. 客户经理的等级分为三级，管理的客户数量在100户以下的为初级，底薪为2000元，管理的客户数量在100~180户的为中级，底薪为3000元，管理的客户数量在 180 户以上的为高级，底薪为 4000 元。

2. 中级和初级客户经理每月的奖金根据每月的放款笔数，以每笔贷款的奖金为 150 元计算，但初级、中级每月必须放款达到 7 笔才能有奖金，7 笔以下没有奖金；高级客户经理每月奖金按月底余额的万分之五计算，高级客户经理没有规定每月的放款数。

3. 客户经理的不良贷款率在 0 ~ 5% 的，其实际奖金 = 计算的业绩奖金 × （1 - 不良贷款率 ÷ 5%）［其中，（1 - 不良贷款率 ÷ 5%）为不良率奖金系数］，不良贷款率超过 5% 则没有奖金。

假设小李是这家公司的客户经理，于 2013 年 8 月入职。2015 年 5 月其客户存量达到 100 户，晋升为中级客户经理，2017 年 1 月其客户存量到达 180 户，晋升为高级客户经理。则小李入职以来的工资情况如下：

初级客户经理的工资：2000 元 + 每月放款笔数 × 150 × 不良率奖金系数

中级客户经理的工资：3000 元 + 每月放款笔数 × 150 × 不良率奖金系数

高级客户经理的工资：4000 元 + 每月月底贷款余额 × 万分之五 × 不良率奖金系数

第四节　如何稳定员工队伍

员工队伍不稳定，流失率高，这也是很大的风险。因为伴随着员工的流失，也就意味着人才的流失，一方面客户会流失，另一方面接手管理的人员对经手前的客户情况不熟悉，可能会跟踪不到位，从而形成贷款风险。如何建立一支稳定的员工队伍，也是小贷机构面临的一大难题。

如何留住员工、挽留人才，我们先从员工的职业诉求进行分析，通常来说，员工在一家企业希望在以下三个方面有所收获。

一是合理的薪资。这是员工在一家公司的基本需求，制订一个合理的、有正确激励导向的薪资方案是非常重要的。本节讲到的薪酬考核方案只是一个基本方案，小贷机构要根据自身的业务特点、人员构成、当地工资水平等综合情况，制订出合理的薪资考核方案。

二是能学到知识，使自身的能力和价值得到提升。一个人在公司内，总会希望从周围人身上获得知识，学习到新的东西，使自己的能力得到提升，从而使自己在职场中的价值也得到提升，这对员工来说是很有吸引力的。因此，经常对员工进行培训，使他们掌握相关技能，不仅是小贷机构发展业务的需求，也是员工自身的需求。

三是能得到提升。员工在公司做到一定阶段时，各方面的能力已具备，同时如果内部又有发展的空间，员工就会有能得到提升的愿望。因此，小贷机构有职位空缺时，应首先从内部选拔合适的人才，除非内部确实无适合的人选。这样才能让员工看到晋升的希望，否则，这些人就会去外部寻找机会。

小贷机构通过制订合理的薪酬方案、开展培训、完善人才选拔机制等硬件建设可以基本满足员工的需求，对稳定员工队伍应该基本是成功了，但还不够，还应该注意"软件"方面的建设，以加强对员工的吸引力。

一是良好的团队氛围。在团队中，在透明、公开、公正的团队氛围下，员工感觉到自己被尊重、被重视，就会有很强的归属感。要营造这样的团队氛围，考验的是团队主管的领导能力和领导才能。

二是良好的企业文化。小贷机构根据自身的目标和发展方向，可以提炼出企业自身的企业文化，如"企业核心价值观""企业精神"等，统一小贷机构全员的思想认识，从而形成统一的价值观和价值理念，让员工从内心、从思想上认可、认同。

第六章 小额贷款机构信贷管理制度

第一节 小额贷款机构需要的基本业务制度

一个管理完善、运作规范的小贷机构，必须要有完备的信贷管理制度体系。在拓展业务、贷款发放程序、贷款发放条件、费率确定、贷后管理等方面要有相应的规定，否则信贷管理必然会混乱，信贷风险必然会增加。小额贷款机构主要有以下三种基本业务制度。

一、信贷管理制度

信贷管理制度是小贷机构开展业务最基本的业务制度，一般情况下应包括以下一些基本内容。

（一）业务人员应具有的业务技能及人员的权限分工

这部分内容应包括信贷业务人员应具备基本的素质和能力。基本素质包括对从业人员的品德的要求、个人的诚信度、具有的敬业精神等内容；规定在业务办理过程中不得有的违法违规行为，以及违纪后应受到的惩罚。

能力要求包括接受的培训课程、具有的专业素养、在具体业务问题时的应对能力。

（二）借款人应具备的条件

规定借款人要在本机构贷款需要达到的最低条件，如不能达到条件可采取哪些担保措施，什么样条件的借款人放多少款，以及相应的风险控制措施是哪些。

（三）借款人应提供的资料

主要是规定借款人申请贷款应提供哪些贷款资料，针对不同行业、不同类型的借款申请人分别应提供什么样的资料；信贷业务人员如何核实这些资料的真实性。

（四）贷款的发放流程

这里主要规定从贷款的营销到贷款的调查评估、风险分析、贷款决策、贷款合同的签订、资金的支付、贷后的管理等流程程序，以及上述流程中相关人员的责任划分、签字授权等。

二、信贷产品政策

主要规定每种贷款产品所针对的是哪些借款人、借款人需要达到的条件、采取哪种放款方式或风险措施、贷款期限、还款方式、贷款利率等。

三、风险管理制度

主要规定当风险贷款出现后，应当采取的处置办法。根据风险的大小和不同方式，规定由哪些人来处理、处理措施以及造成风险的责任追究。

第二节 基本业务制度范本

本节给出了小贷机构最主要的两个业务制度——信贷制度和风险管理制度的范文。在这两个范文中，楷体字是例文，各小贷机构具体做什么样的规定，应结合自身机构的特点来拟定。在这两个范文中，有少部分内容相同，是出于两个制度完整性的需要。

一、信贷制度范文

Ⅰ. 目标
此处写明制定本制度的目的。如为了规范信贷流程、提高放款效率等。

Ⅱ. 贷款产品
阐述本小贷机构有哪些贷款产品，针对的客户对象。如

按贷款类型分：

经营性贷款：主要针对收入来源为自主经营项目的客户群体，贷款主要用于其经营项目

消费性贷款：主要针对收入来源为工资收入的客户群体，贷款主要用于消费支出

按还款方式分：

等本等息：……

等额本息：……

等额本金：……

整贷整还：……

……

Ⅲ. 贷款政策的一般原则

Ⅲ.1　信贷操作人员的行为规范

这里主要阐述业务操作人员的职业规范。

严禁信贷操作人员接受客户金钱、礼物、邀请或者任何相关的好处……

Ⅲ.2　目标客户

按小贷机构市场定位要求，阐述目标客户群体。如

中小企业、个体工商户、个体劳动者、种植户、养殖户……

有稳定工作的工薪收入者……

Ⅲ.3　贷款用途

贷款必须被用于贷款申请人的生意经营、投资、购买固定资产、消费……

Ⅲ.4　贷款期限

阐述不同贷款产品的期限。如

贷款信用：1～12 个月

担保贷款：1～18 个月

抵押贷款：1～36 个月

……

Ⅲ.5　还款方式

阐述还款方式及对应的产品。如

按月还款方式：等额本金、等本等息、等额外本息。针对月现金流均衡的客户……

先息后本还款方式：前三期还息、后期等额本金。针对扩大规模、新增加投资的客户……

按月还息、按季还本还款方式：按月还息、按季还本。针对种植、养殖客户……

整贷整还还款方式：整贷整还。针对客户资金一次性回收的客户……

不定期还款方式：最高额审批，随借随还。针对现金流不均衡的客户……

……

Ⅲ.6　申请人资格

阐述申请人必须满足的借款条件。如

1. 从事同一行业最少一年，最好超过两年

2. 无不良信用记录

3. 法定年龄在25周岁至60周岁

4. 具备完全民事行为能力

……

Ⅲ.7　限制的借款人

阐述哪些人不能在本机构申请贷款。如

1. 有严重的不良信用记录

2. 刑满释放人员

3. 股东、董事会成员

4. 有洗钱或者贩毒嫌疑等活动

5. 经营色情场所

……

Ⅲ.8　贷款担保

阐述贷款的担保方式及各担保方应具备的条件。如

审贷会根据贷款的风险决定贷款的担保方式，如果需要，可以是几种担保方式的联合

1. 共同借款人

● 申请人的配偶必须作为贷款的共同借款人签字，因为配偶同时也是资产的共同所有人并与申请人共享家庭的收入，让配偶签字的目的是确保申请人的配偶对贷款知晓并且清楚自己有还款的责任。

● 如果没有配偶，家庭的其他成员，如父母、兄弟姐妹等可作为共同借款人签字。

● 贷款申请项目为有限公司的，以法定代表人或大股东作为借款人，该公司作为共同借款人，公司法定代表人在共同借款人处签字，并加盖公司的公章；

······

2. 保证人

根据借款申请人的质量，各级信贷委员会有权决定是否要求提供保证人。

● 达到法定年龄25~60岁并具备完全民事行为能力；

● 有稳定的收入；

● 稳定的居住地址；

● 当借款人不还款时具有偿还贷款的意愿和能力；

······

3. 动产抵押

● 动产抵押可以是客户的存货、经营设备、机器、私人或者公用车辆；

● 动产抵押品必须是可执行的；

● 可以接受第三方的动产抵押品，但是该抵押品的所有人必须是抵押人；第三方抵押必须签署一份单独的抵押合同；

● 以企业的机器设备作为抵（质）押的，必须在工商管理行政机关登记；

● 作为动产抵押的车辆必须到车管所进行抵押登记；

● 贷款额度不能超过抵押车辆估值的50%；

······

4. 不动产抵押

● 不动产抵押是指将不动产作为贷款的担保。假如贷款出现拖欠，不动产可以作为还款来源，不动产可以是土地、住宅、建筑、公寓或者经营场所。

● 不动产抵押品的评估应由指定的专业团队来进行。

● 用于抵押的不动产必须在法律规定的部门进行抵押登记。

● 可以接受第三方的不动产抵押品，但是该抵押品的所有人必须进行不动产登记。

● 当客户还清贷款时，应解除抵押登记手续。

● 当不动产抵押品的市场价值变化过大，贷款抵押率应降低。

● 贷款额度不能超过抵押物估值的70%。

……

Ⅳ. 贷款评估

阐述评估各环节的规范及要求。

Ⅳ.1　贷款申请

● 贷款申请表由客户填写并签名；

● 客户经理应该核实申请人是否符合贷款的所有条件，如果不符合，就不应提交贷款申请表；

● 客户经理应该明确告知申请人其应尽的所有责任；

● 客户经理应该在申请人进行贷款申请时告知可能要求担保；

● 贷款用途应在贷款申请表中写明；

……

Ⅳ.2　贷款评估的一般原则

● 客户经理负责对贷款进行评估，并对评估结果负全责，业务主管及其他人员负责进行核实；

● 客户经理必须评估申请人的还款能力和还款意愿；

● 客户经理应谨慎评估申请人的资产负债情况；

● 客户经理应该详细地向申请人介绍贷款的价格、期限、条件、应提供的资料；

● 所有收集到的信息应该写入到相应的评估表格中；

● 应客观分析所有收集到的信息；

……

Ⅳ.3　对借款相关信息的查询

● 在评估借款人时，除了与借款人交流和实地调查获取客户信息外，还应通过相关网站进行查询；

● 贷款申请的相关人员（包括借款申请人、共同借款人、担保人及申请人配偶）的征信记录。查询的结果应作为最终决策的参考；

● 借款人注册有企业的，应在中国工商信息网查询借款人企业的股权结构、变更情况、股权及动产有无被质押情况；

● 每一笔贷款申请的申请人，无论新增贷款还是续贷，都应在最高人民法院网站上查询该申请人是否有犯罪记录或被司法执行；

……

Ⅳ.4　借款评估的实地调查

阐述客户经理在现场调查中需要调查的内容及注意事项

● 客户经理必须实地调查客户的经营项目；实地调查中，必须完整、清楚地了解客户的信用记录、人品、经验、能力、发展经历，经营项目的模式、流程，经营收入、利润、资产、负债、现金流情况等；

● 必须实地拜访客户的家庭，了解其家庭结构、家人对贷款是否支持、家庭实力等；

● 对借款人的经营场所、经营场所中的资产、经营场所中的存货、住所必须拍摄照片，并保留在信贷系统中；

……

Ⅳ.5　业务主管或专业评估员对贷款的复评

阐述业务主管或专业评估员（以下称复评人员）对客户经理的评估结果进行复评的内容及注意事项

● 复评人员在对贷款进行复评前要先对客户经理的评估报告进行审阅，分析有无评估遗漏的内容或信息不全，或是否有重要内容存在重大疑点；

● 对上述问题，在复评现场有针对性地再次进行评估，对重要问题再次向借款人进行确认；

● 对重要资料要查看原件，核实资料的真实性；

● 向借款人阐明借款人需要承担的利息及费用；

……

Ⅳ.6　贷款应收集的资料

借款人身份证；

借款人户籍证明；

借款人婚姻证明；

借款经营证明：如营业执照、经营场地租房协议、公司章程、特种行业的许可证等；

经营收入资料：如销售合同、销售单据及发票、销售统计报表等；

资产证明资料：如房地产权证件、买卖合同协议、土地使用证、车辆机器设备的购买合同、发票等；

现金流资料，如银行对账单；

贷款申请表；

征信报告；

……

Ⅳ.7　贷款分析

阐述一般的风险分析原则

● 借款必须是夫妻共同作为借款人签字，单身则需要其他家人或其他人员作为共同借款人在借款文件上签字；

● 征信记录上显示有严重不良记录或当前有重大逾期的不能提供贷款，列入被执行人黑名单的不提供贷款；

● 有严重不良嗜好的不能提供贷款；

● 有犯罪记录的不能提供贷款；

● 每期的还款额不超过当期净现金流的70%；

● 调整后的资产负债率不超过60%；

……

Ⅳ.8　对抵押物的评估

客户经理、业务主管或专业评估人员必须至少有两人同时对抵押品进行现场评估，评估应真实反映该抵押品在贷款申请时的真实价值。估值应基于以下两个原则：

- 购买价值折旧：在估值时基于最初的购买价格（最好是有书面发票），应考虑购买日到估值日期间的价值损耗。针对不同的物品最好使用折旧表格来计算每年的折旧值，计算剩余价值。

- 市场价值：估值时也应考虑物品在当时市场上的流通价格，所以客户经理应通过报纸或者网络等渠道查询类似物品的价格。

- 以上两种价值中以较低的价值确认评估价。

Ⅳ.9　评估资料的填写

客户经理对借款人评估完成后，将评估结果完整地填写在评估报告和评估表中，内容要真实完整，数据要准确……

Ⅴ. 贷款的审批

阐述贷款审批人员的构成、审批权限、审批程序等。

Ⅴ.1　审贷会的内容

- 分析贷款的风险；

- 发放贷款前的最后把关；

- 检查是否遵守贷款程序；

- 批准贷款、要求附加条件或者拒绝贷款申请；

- 确定具体的贷款：贷款额度、手续费、贷款期限及担保要求；

- 发现风险与威胁，为贷款发放及贷后跟踪提供建议。

　……

Ⅴ.2　审贷会的构成

审贷会的构成根据贷款的金额。金额越大，则要求级别越高的岗位来批准贷款。不同的审批权限应该由风险管理委员会设定。风险管理委员会也可以基于员工的经验以及风险控制能力，给同一岗位的不同员工设立不同的审批权限。

对于提交给二级审贷会以上的贷款申请，业务主管应先做预审。上级审贷会可以审批下级审贷会的任何贷款申请。设立三级审贷会如表6-1所示。

表 6 - 1　　　　　　　　　　　　　　三级审贷会

审批金额	审批岗位
100000 元及以下	一级审贷会：业务主管
100001 ~ 300000 元	二级信贷委员会：风控领导
300000 元以上	三级信贷委员会：公司领导

......

Ⅴ.3　审贷会陈述

客户经理应向审贷会陈述该笔贷款申请所有的相关信息，以供审贷会做决定。陈述内容和陈述顺序包括：

- 借款人基本情况：
○ 姓名、年龄、婚姻状况、住址；
○ 经历；
○ 经验能力；
○ 人品、信用记录。

- 经营项目：
○ 法律形式；
○ 成立日期；
○ 员工数量；
○ 经营地址。

- 经营市场环境：
○ 供应商；
○ 客户；
○ 竞争者（优势、劣势）。

- 经营项目及家庭的资产和负债描述：
○ 现金；
○ 银行存款；
○ 存货；
○ 固定资产及估值（土地、房屋、机器、交通工具等）；

○ 应付供应商的账款；

○ 银行或其他金融机构的负债。

● 申请人的月均利润及还款能力：

○ 营业额；

○ 利润率；

○ 业务成本；

○ 额外家庭收入；

○ 家庭花费。

● 家庭情况：

○ 家庭地址；

○ 婚姻状况；

○ 子女及客户需负担的其他家庭成员数量。

● 贷款用途、申请金额及期限。

● 客户经理意见。

Ⅴ.4　审贷会决策

在分析完每笔贷款后，信贷委员会将作出以下一种决策：

● 批准：对贷款没有任何反对；

● 有条件批准：信贷委员会要求提供更多的资料、信息、保证方式或者更详细的分析，准备齐全后需再次提交信贷委员会进行批准；

● 拒绝：贷款与要求不符合，风险太高或者经济上不可行；

……

Ⅵ. 贷款的发放

阐述在贷款发放环节的程序及相关规定。

Ⅵ.1　合规审核

贷款审批完成后，应交由合规员对贷款进行合规审查，合规审查的主要内容有：

● 是否到现场进行实地查访；

● 是否外访调查；

● 是否家访；

- 是否有相关人员进行贷前复审；
- 资料收集是否齐全、完整；
- 贷款审批是否符合规定；

……

Ⅵ.2　合同的签订

- 所有贷款法律文件应先由律师起草、定稿，制成格式合同，导入信贷操作系统；
- 每笔贷款在发放时，由负责签合同的人员将审贷会确定的贷款金额、期限、利率、还款方式等要素填写在格式合同中；
- 贷款合同应至少打印三份；
- 签合同前，应审核借款人及相关人员的身份，确保真实；
- 贷款合同上借款人、共同借款人、担保人及其他相关人员签字，应当面签字，并拍摄照片；

……

Ⅵ.3　贷款发放

- 贷款发放前，借款人应先在银行开设银行账户，且借款人需签署代扣协议，授权小贷机构在还款时在该账户上扣款；
- 出纳在付款时，确认借款合同及其他借款文件是否正确地签署；
- 将款项支付到借款人的银行账号上；

……

Ⅵ.4　贷款文件的保管与查阅

- 贷款发放后，贷款文件被分为操作文档和法律文档；
- 操作文档由合规员负责保管。客户经理可以在需要时借阅。要设立有效的文档借阅制度，跟踪文档的借出与归还，避免文档丢失。操作文档必须保存在一个安全的地方，只有授权人员才能进入；
- 操作文档应按客户编号进行保存；
- 法律文档（借款合同、抵押合同、担保合同）共签署三份，一份交借款人，公司保存两份，其中一份由合规员保存，另一份原件由总部交由专门的行政人员负责保管；由于法律文档非常重要，所以这些文件应该被严格保存在安全的地方，并且只有被授权人才可以进入，任何调阅都应被记录，且保管人要对文档的丢失负责；

● 法律文档应按客户编号进行保存；

● 为了保证存档的正确与完整，应定期对存档进行抽查；

……

Ⅶ. 贷后管理

Ⅶ.1　贷后管理的一般规定

● 贷后管理主要由客户经理来完成；

● 贷后管理主要包括：走访客户的经营场所，提升与客户的业务关系以及近距离接触客户。同时可以核实客户业务的发展情况、贷款的用途、担保人或者抵押物的状态、提醒客户下次还款日期；

● 贷后检查可以采用实地走访或电话回访的方式；

● 拜访客户应记录在贷后管理表格上；

……

Ⅶ.2　贷后回访

● 所有客户经理都有义务做好贷后回访工作，这也是在早期发现风险、增进与客户感情的好办法，每次的贷后回访都应有记录；

● 首次回访：首次贷款的客户必须在贷款发放后1周之内进行贷款回访，此次拜访是为了核实贷款的用途，以及预估客户是否有逾期的风险；

● 定期回访：客户经理对所管理的客户应进行定期回访，按贷款金额的大小和风险程度确定贷后回访的频率；

● 下列客户必须每月做贷后检查：

○ 贷款金额在10万元及以上的客户；

○ 当月拖欠达到10天及以上的客户；

○ 外地户籍，且在本地无住房的客户。

● 业务主管也有贷后检查的义务，他们可以在不通知对应的客户经理的情况下自己去拜访客户。这些拜访的目的是为了减少欺诈（无论是客户还是客户经理），同时是为了检查客户经理工作的质量。

……

Ⅶ.3　贷款回收

- 在贷款还款日前三天通过电话或短信通知客户还款；

- 大额贷款到期前应提前 15 天或 30 天通知；

- 还款日当天，关注还款情况；

……

Ⅶ.4　贷款的催收

- 逾期第一天，客户经理就应拜访客户以防继续拖欠；客户经理应尝试说服客户在当天或者第二天还款；

- 第二次拜访时，客户经理可以在其他客户经理的陪同下进行小组催收拜访；

- 业务主管跟踪客户经理对逾期客户的催收行为；

- 业务主管应与客户经理讨论针对具体客户的催收方法，并在如何催收方面给予客户经理指导；

- 业务主管也需拜访逾期的客户，优先拜访金额较大的贷款及逾期超过 7 天的贷款；

- 业务领导也要对金额较大的贷款以及逾期超过 30 天的贷款的催收进行跟踪；

- 公司领导决定是否启动法律程序；

……

Ⅶ.5　减免利息、罚息

- 在非常特殊和具有充分理由的情况下，业务领导、风控领导、公司领导有权免除全部或部分因为延期还款而造成的罚息。

- 出现以下情况，可以申请减免利息、罚息：

○ 因客户经营项目或家庭发生重大变故（疾病、自然灾害、重大火灾等）；

○ 客户经营失败，家庭生活困难但客户有强烈还款意愿；

○ 借款人、共借人均无法联系，由未签字的他人（亲戚朋友）代为偿还的情况；

……

Ⅶ.6　贷款的展期

在以下特殊情况下，一笔未偿还贷款的还款日期可以延期：

○ 客户的日常现金流发生了改变；

○ 首次生成的还款日期并不适合客户的经营现金流；

○ 风险管理委员会决定贷款是否延期；

……

Ⅶ.7　贷款重组

● 贷款重组就是对该贷款的原始条件进行一些调整，主要体现在贷款期限和每期还款金额上。通常地，调整后的每期还款金额会降低，贷款期限会延长。

● 只有出现以下特殊情况，贷款才能申请重组：

○ 由意外原因降低了客户的还款能力，如自然灾害、交通事故、家属疾病、被盗或其他意外事故；

○ 由于经营收入下降导致还款能力降低；

○ 客户有强烈的还款意愿。

● 客户提出重组申请，客户经理和业务主管必须再次对客户的经营项目和家庭情况进行评估，详细解释重组的原因。新的评估结果应清楚显示客户有能力偿还重组后的每期应还金额。

● 原则上重组应增加条件，如增加有还款意愿和还款能力的共借人、担保人、抵押等。

● 重组申请审批通过之后，重新确定还款时间和还款金额。

● 重组时，借款人不能变更。不能将一笔贷款重组到另一位借款人头上。

● 担保人应保持不变或提高条件。

● 所有重组贷款必须由风险管理委员会审批同意。

● 正处于诉讼、审判程序的贷款不许重组。

……

Ⅶ.8　贷款诉讼

公司领导根据下列情况决定是否对逾期贷款进行诉讼：

● 与客户的沟通情况。未偿还贷款余额（包括罚金）：应考虑预计可回收的金额与司法程序成本；

● 贷款金额较大；

● 但在一些特殊情况下，如客户欺诈或在贷后回访中发现客户经营项目停止，可以尽快启动司法程序；

● 该客户已经被其他金融机构起诉；

……

Ⅶ.9　客户移交

● 当客户经理晋升、调动、离职等原因离开原工作岗位时，他所管理的客户应移交给其他客户经理进行管理；

● 客户移交可以是将一个客户经理的客户全部移交给另一个客户经理或多个客户经理，或只移交部分客户；

● 移交客户经理应制定好移交清单，接交客户经理应在接交的移交清单上签字确认；

● 所有的客户都应当单独移交；

● 移交客户经理与接手客户经理应一同实地拜访移交客户的经营项目；

● 业务主管应指定人员进行监交；

……

Ⅷ. 客户内部信用记录评级（表6－2）

表6－2　　　　　　　　　　　　　等级评定标准

等级	评定标准	信用等级的运用
AA	……	……
A	……	……
B	……	……
C	……	……
D	……	……

Ⅸ. 贷款流程

这里主要阐述贷款业务操作中每项操作的流程。这个流程要根据小贷机构自身业务定位和组织架构来设计。在下面例子中，以本书第四章第一节所介绍的组织架构来设计。

IX.1　贷款的发放流程

- 客户经理营销；
- 客户向客户经理提出贷款意向；
- 客户经理与客户进行初步交流，初步判断是否符合贷款条件；
- 客户经理与客户约定时间，到现场与客户进行交流评估，向客户讲明要承担的利息和费用；
- 客户经理做外围走访；
- 客户经理家访；
- 客户经理收集客户相关资料；
- 客户经理查询客户的征信报告和其他网络信息；
- 客户经理填写评估报告、评估表；
- 业务主管或专业评估员对客户进行复评并填写复评报告；
- 根据贷款金额的大小，向相应级别的审贷会提交贷款审批申请；
- 客户经理向相应的审贷会陈述该笔贷款的评估情况；
- 审贷会对贷款作出审批决议；
- 合规员对前述的贷款流程进行合规检查，检查贷款资料的收集是否符合要求；
- 客户经理告知客户审批决议，包括已审批的金额和审贷会要求的其他条件；
- 客户在约定的时间内，与担保人和/或共签人一起到公司来签合同；
- 签约人员根据审贷会确定的贷款决议，将相关信息填写在合同中，打印合同和分期还款表；
- 签约人员审核客户及共借人、担保人的身份；
- 当面签署相关合同文件和分期还款表；
- 盖上公司印章；
- 将放款资料提交财务部放款；
- 财务部审核、核对放款资料；
- 支付贷款；

● 合规员将操作文档和法律文档存档。

IX.2　收款流程

● 客户经理提前通知客户还款；

● 还款当天，财务部通过事先签订的代扣协议，在客户的银行账户上扣收当期应还本金和利息；

● 制作还款凭证；

● 如果没有扣款成功应通知客户经理，客户经理再次通知客户还款。

IX.3　客户提前还款流程

● 客户向客户经理书面申请提前还款，或客户经理接到客户的短信通知，为客户准备提前还款申请表；

● 客户经理填写提前还款申请表并签字；

● 客户经理将提前还款申请表移交财务部；

● 财务部在客户银行账户上扣款；

● 打印贷款完结证明给客户。

IX.4　客户移交流程

● 业务主管向业务领导申请某一客户经理客户移交方案；

● 业务主管指定监交人；

● 移交客户经理根据移交方案制作"客户移交清单"；

● 接交客户经理、移交客户经理、监交人一起拜访所有客户（拜访地址为经营地址，如需要，可访问客户家庭住址）；

● 拜访完毕，接交客户经理、移交客户经理、监交人在"客户移交清单"上签字确认。

IX.5　贷后回访流程

● 客户经理在贷款发放后一周内回访客户；

● 客户经理在"客户贷后检查表"中登记此次拜访信息；

● 客户经理在首次拜访之后，根据贷款金额、风险程度定期回访一次；

● 客户经理将每次回访信息在"客户贷后检查表"中登记；

● 业务主管汇总所有客户经理每月的"月度贷后管理报告"。

IX.6　诉讼流程

- 客户经理向营业部经理告知收款的难度，并填写"诉讼登记表"申请进入诉讼流程；
- 业务主管审核该案件是否满足启动诉讼流程的要求，如满足，将"诉讼登记表"提交风控领导；
- 风控领导决定是否符合起诉条件；
- 交由法务部提起诉讼。

IX.7　贷款展期流程

- 客户书面提出贷款展期申请；
- 业务主管和客户经理拜访客户，以明确客户展期的原因；
- 业务主管根据拜访结果，在"贷款展期申请"上签署意见，提交风险管理委员会；
- 风险管理委员会审批该申请；
- 签约人员将展期信息录入信贷操作系统；
- 打印新的还款计划表并交给客户；
- 客户在新的还款计划表上签字确认。

IX.8　贷款重组流程

- 客户书面提出贷款重组申请；
- 业务主管和客户经理拜访客户，以明确客户重组的原因；
- 业务主管根据拜访结果，在贷款重组申请上签署意见，提交风险管理委员会；
- 风险管理委员会审批该申请；
- 签约人员将重组信息录入信贷操作系统；
- 打印新的还款计划表并交给客户；
- 客户在新的还款计划表上签字确认。

IX.9　减免罚息

- 客户书面提出"贷款减免罚息申请"，提供减免原因证明；
- 客户经理签署意见，将"贷款减免罚息申请"提交业务主管；
- 业务主管对该事件进行审核，将审核意见填写在"贷款减免罚息申请"中，提交至业务领导；

● 业务领导决定是否减免罚息;

● 业务领导决定减免的具体金额、减免日期、调整前金额,并在"贷款减免罚息申请"上签字;

● 财务部将减免罚息信息录入信贷操作系统。

二、风险管理制度范文

Ⅰ. 目标

此处写明制定本制度的目的。如为了防范信贷风险、提高贷款质量等。

Ⅱ. 风险管理组织

阐述风险管理组织架构、各风险管理岗位及职责。

Ⅱ.1 风险管理组织架构(见图 6-1)

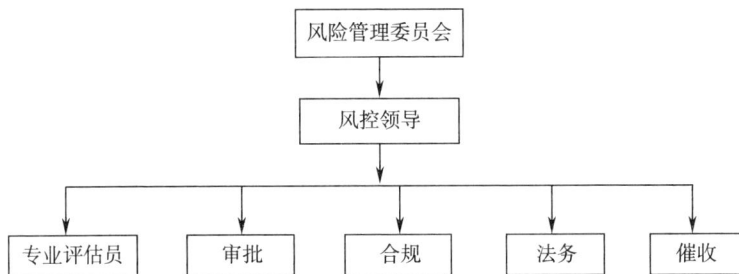

图 6-1 风险管理组织架构

Ⅱ.2 设立风险管理委员会

阐述风险管理委员会的组成及主要职责。

● 风险管理委员会是实施风险管理的机构,对公司领导负责。由公司领导、业务领导、风控领导、催收负责人、审计负责人等组成,风险管理委员会的主要职责:

○ 强化公司全员风险防范意识;

○ 建立健全公司风险管理制度、规范信贷流程并监督落实;

○ 对公司整体信贷风险进行评估,制定应对措施;

○ 对突发的信贷风险事件及时介入处理;

○ 审议重组贷款、展期贷款的信贷方案,提出增加条件并作出决议;

......

- 风险管理委员会议事规则：

○ 每月召开一次例会，如遇紧急事务可随时召开临时会议；

○ 应有三分之二以上人员出席，风险管理委员会才能召开；

○ 在表决决议时，应有出席会议人员一半以上的赞成票才算通过；

......

Ⅱ.3　风控领导

风控领导的主要职责：

- 管理并监控公司业务活动的相关风险，确保业务部的业务活动遵守规章制度和内部流程，防止系统性风险的发生；

- 跟踪、分析业务所面临的市场风险、行业风险；

- 负责公司风险管理制度的起草拟定；

- 执行、落实风险控制委员会的决议；

- 对公司信贷风险的管理提出意见和建议；

......

Ⅱ.4　专业评估员

- 负责对大额贷款进行复评；

- 总结分析行业风险、市场风险，定期将分析结果向全公司通报；

- 对全公司其他评估人员进行评估专业技能的培训；

......

Ⅱ.5　合规部

- 对审批后即将放款的贷款进行合规性检查；

- 发现有问题的，应停止贷款程序，要求相关责任人进行纠正，纠正合规后再启动贷款程序；

- 相关责任人不纠正违规行为，应向公司领导报告；

- 对公司信贷政策、制度、流程结合业务操作情况进行分析，提出优化意见和建议；

......

Ⅱ.6　法务部

● 负责信贷合同和其他信贷法律文件的制定和修改，对信贷业务涉及法务的事项提供专业建议；

● 为业务人员在办理贷款、贷后催收时提供法律咨询；

● 对需要起诉的贷款及时整理好相关资料，向法院提请立案；

● 向业务人员提供有关法务、催收知识的培训；

……

Ⅱ.7　催收部

● 参与业务部门的催收工作，督促客户经理加强日常催收工作；

● 对客户经理的催收能力进行培训，撰写或整理客户典型案例，就案例对各机构开展培训；

● 负责督促客户经理按规定做好贷后检查；

……

Ⅲ.　其他岗位的风险职能

阐述除了由风控领导管理的专职于风险控制部门外的其他岗位在风险控制中的职能。

Ⅲ.1　客户经理岗

● 对申请贷款的客户进行认真、全面的评估，实事求是地分析贷款存在的风险，如实、全面地填写评估资料；

● 向信贷委员会如实陈述贷款的情况，不得隐瞒客户风险，提出贷款建议；

● 做好贷后管理，对在贷后管理中发现的问题要及时报告和处理；

● 对拖欠贷款要积极催收，把 PAR 控制在尽可能低的水平；

……

Ⅲ.2　贷前复评岗（业务主管）

● 认真做好每笔贷款复核评估，确保评估信息的真实性；

● 向信贷委员会如实陈述贷款的情况，分析贷款存在的风险并提风险控制意见；

● 督促、配合客户经理做好贷后管理，对在贷后管理中发现的问题要及时报告和处理；

● 督促、配合客户经理做好拖欠贷款的催收，把 PAR 控制在尽可能低的水平；

……

Ⅲ.3　财务岗

● 认真审核"借款合同""分期还款表"等贷款文件填写是否完整，签字是否齐全；

● 将"借款合同""分期还款表"中的放款金额与审批金额进行核对，确认放款金额是否一致，确认无误后将贷款金额划至客户账户；

● 按时进行扣款业务，将应还贷款及时扣收；

……

Ⅲ.4　审计岗

● 对贷款的真实性进行检查，贷款的办理是否符合信贷政策；

● 对贷款的合规性进行审计，借款人和借款项目是否真实，有无虚假冒名贷款和关联贷款；

● 审计经办人员在办理贷款过程中有无受贿、收受回扣、渎职等行为；

……

Ⅳ.　贷前风险管理

阐述在贷前各环节、各岗位的风险管理要求。

Ⅳ.1　借款人准入的基本条件

● 年满 25～60 周岁，具有完全民事行为能力；

● 无犯罪记录；

● 无赌博、吸毒、酗酒等不良行为；

● 具有合法、稳定的收入来源；

● 信用观念强，资信状况良好；

……

Ⅳ.2　共同借款人准入条件

● 具有完全民事行为能力；

● 无赌博、吸毒、酗酒等不良行为；

● 信用观念强，资信状况良好；

......

Ⅳ.3　担保人条件

● 具有完全民事行为能力；

● 年龄在 25~60 周岁；

● 无赌博、吸毒、酗酒等不良行为；

● 具有合法、稳定的收入来源，具备相应的偿债能力，或本地有自有产权住房、商铺、商住两用房、写字楼、自建厂房；

● 信用观念强，资信状况良好；

● 非自然人做保证人的须具有法人资格，且必须要有股东会决议；

......

Ⅳ.4　贷款的营销

客户经理应加强营销，通过营销、客户介绍等渠道来获得客户；客户经理严禁与任何中介合作获取客户。

Ⅳ.5　客户经理贷款调查的主要内容

● 客户经理要做好客户识别，首先要确保借款人或者担保人身份的真实性。要向关系人、邻居（邻铺）、企业员工、合作伙伴、政府部门等渠道了解借款人及其担保人的情况。重点了解借款人及其担保人的人品、信誉、生产经营情况，是否是其自有住房（商铺），有无不良嗜好，负债情况，家庭情况，婚姻状况和身体状况等，必须对借款人和担保人进行家访。

● 核实客户真实的财务数据，包括销售额、净利润、资产负债和现金流，评估客户的还款能力；对这些数据要进行交叉检验，以确保这些数据的真实。

● 通过贷前调查，核实客户贷款的真实用途，查明客户有无隐性负债。

● 通过贷前调查，对客户进行全面综合分析，对信贷委员会给出合理贷款建议。

● 向共同借款人、担保人说明应承担的责任。

......

Ⅳ.6　贷前复核调查内容

● 对客户经理的评估结果进行分析，有无重大评估遗漏、评估错误；

- 资料收集是否齐全，是否需要补充资料；
- 再次对借款人进行交流评估，将客户经理提供的信息与客户提供的信息交叉核实；
- 验证借款人的核心证件原件；
- 督促客户经理做好家访、外围走访；
- 根据借款人的还款能力、风险大小及其他综合因素，和客户经理一起讨论借款金额、期限、贷款方式和风控手段；
- 对抵押物的评估，客户经理和复评人员必须共同实地到现场进行评估；

......

Ⅳ.7　客户信息的整理与报告

客户经理将评估信息真实、全面地反映在评估报告和评估表中，不得弄虚作假，不得隐瞒和掩饰客户风险。

Ⅴ.贷中风险管理

阐述贷中各环节、各岗位的风险管理要求。

Ⅴ.1　审贷会的组成

- 一级信贷委员会的组成：

○ 业务主管；

○ 贷前复评人员；

○ 客户经理。

其中，业务主管是主审人

- 二级信贷委员会的组成：

○ 风控领导；

○ 业务领导；

○ 业务主管；

○ 贷前复评人员；

○ 客户经理。

其中，风控领导是主审人

- 三级信贷委员会的组成：

○ 公司领导；

○ 风控领导；

○ 业务领导；

○ 业务主管；

○ 贷前复评人员；

○ 客户经理。

公司领导是主审人

V.2　审批权限

● 20 万元及以内的贷款：由一级信贷委员会审批；

● 20 万元至 100 万元的贷款：由二级信贷委员会审批；

● 100 万元及以上的贷款：由三级信贷委员会审批。

V.3　审批流程

● 一级信贷委员会流程：

○ 客户经理做好借款评估，贷前复评人员做好借款复评，形成评估报告（如运用了信贷操作系统，将评估信息录入该系统），提交到一级信贷委员会；

○ 一级信贷委员会主审人召集信贷委员会成员召开信贷委员会进行审批；

○ 作出审批决定，形成审批决议。

● 二级信贷委员会流程：

○ 客户经理做好借款评估，贷前复评人员做好复评，形成评估报告（如运用了信贷操作系统，将评估信息录入该系统），提交到一级信贷委员会；

○ 一级信贷委员会主审人对贷款进行初审，如果初审认为审批金额低于 20 万元的，则在本级审贷会上审批；如果审批金额超过 20 万元的，则上报二级信贷委员会；

○ 二级信贷委员会主审人召集信贷委员会成员召开信贷委员会进行审批；

○ 作出审批决定，形成审批决议。

- 三级信贷委员会流程：

○ 客户经理做好借款评估，贷前复评人员做好复评，形成评估报告（如运用了信贷操作系统，将评估信息录入该系统），提交到一级信贷委员会；

○ 一级信贷委员会主审人对贷款进行初审，如果初审认为审批金额低于 20 万元的，则在本级审贷会上审批；如果审批金额超过 20 万元的，则上报二级信贷委员会；

○ 二级信贷委员会主审人进行预审，如果预审认为审批金额低于 100 万元的，则在本级审贷会上审批；如果审批金额超过 100 万元的，则上报三级信贷委员会；

○ 三级信贷委员会主审人召集信贷委员会成员召开信贷委员会进行审批；

○ 作出审批决定，形成审批决议。

V.4　审贷会规则

- 审贷会成员应充分表达意见，按照民主、客观、公正、谨慎和高效的原则审批贷款；

- 执行"一票否决"制度，审贷会全体成员一致同意后才能发放贷款，只要有一人反对，则该笔贷款不能发放；

- 信贷委员会根据实际情况，有权改变借款金额、期限、还款方式，有权要求借款人增加、减少或变更担保人（抵押物），有权设定放款的限制性条件；

- 在信贷业务流程中必须坚持审贷分离原则，在每一笔贷款业务操作中，不得由一人独自完成；

　　……

V.5　合规检查

- 合规员首先要检查资料的完整性，包括评估报告填写是否完整、应收集的资料是否完整；

- 将评估报告的内容与收集的资料进行核对，检查资料上反映的内容与报告上的内容是否一致；

● 通过客户经理拍摄的照片，检查客户经理是否到客户经营现场进行核实、是否进行了家访；通过记录检查客户经理是否做外围走访；通过截图检查是否在相应的网站对借款进行网上信息查询；

● 查看贷前复评报告，检查该笔贷款是否做贷前复评；

● 检查审贷会记录，是否经过规定的审批流程进行了贷款审批；

……

V.6　签"借款合同"和付款时的要求：

● 仔细审查借款人配偶、共同借款人、担保人的有效身份证件原件，要确保持证人和证件上的人为同一个人；

● 坚持当面签字和按手印的原则，要确保合同及信贷资料上应该签字的地方均已签字并按手印；

● 要核对借款人提供的银行卡是否是借款人本人的银行卡；

● 财务付款时要核对放款金额、手续费、利率、期限，并核对借款人提供的银行卡号是否是借款人本人的银行卡；

……

VI.　贷后风险管理

阐述在贷后各环节、各岗位的风险管理事项。

VI.1　贷后定期回访

● 贷后回访内容：查看客户经营收入情况有无变化及资产负债的变化情况。

● 首次回访：首次贷款的客户必须在贷款发放后一周内进行贷后回访。

● 客户经理每月必须对下列客户进行回访：

○ 贷款金额在20万元及以上的客户；

○ 当期拖欠达到10天及以上的客户；

○ 外地户籍，且在本地无住房的客户；

○ 重组贷款；

……

● 除上述情况以外的客户，应至少在一个季度内回访一次。

● 业务主管要督促客户经理做好贷后回访，要对客户经理的贷后回访情况进行抽查。

● 客户经理应就贷后回访中发现的问题向业务主管汇报，业务主管应采取措施及时处理。

……

Ⅵ.2　客户经理要提前三天左右提醒客户准备还款，对额度较大和整贷整还的，要提前半个月或一个月提醒客户还款。

Ⅵ.3　如果客户还款拖欠，客户经理是主要责任人，对日常客户拖欠负主要责任；对于已交接客户的催收，由接管客户经理来负责。

Ⅵ.4　日常催收流程

● 客户还款当天第一次扣款不成功，应及时提示客户存款；

● 客户当天没有还款，应了解客户没有还款的原因，要求必须按时还款，视情况决定是否需要上门走访；

● 拖欠超过三天，客户经理须上门了解拖欠客户真实情况，落实处理办法；

● 拖欠超过六天，应向客户发放"催款通知书"；

● 对拖欠严重的客户，客户经理必须会同业务主管或催收主管讨论处理措施和办法，视情况采取下一步行动；

……

Ⅵ.5　客户经理风险考核

● 客户经理所管理的贷款有拖欠的，其奖金按《薪酬管理考核办法》的规定严格考核。

● 客户经理当月不良贷款率高于3%时，不能再发放贷款。

● 客户经理的某一笔贷款产生拖欠，将被考核6个月，6个月后不再考核，但虽然不考核，客户经理仍有责任收回该笔贷款。

● 下列情况下导致贷款拖欠可免除客户经理责任：

○ 客户死亡、重大伤亡、重大疾病；

○ 自然灾害原因造成重大财产损失，如洪水、火灾、地震等；

○ 抵押足值贷款；

……

Ⅵ.6　拖欠贷款的起诉

● 下列情况下的拖欠贷款应起诉催收：

○ 态度恶劣，拒不配合的客户；

○ 没有还款意愿的客户；

○ 消失逃匿的客户；

○ 即将超过诉讼时效期的客户；

● 对没有还款意愿的借款人，如果其有资产的，在起诉初期，应向法院申请财产保全；

……

Ⅶ.　资料的收集

阐述每类贷款应收集的资料。

Ⅶ.1　经营性贷款

借款人提供资料、或需借款人签字、填写的资料：

● 身份证（合同上的所有签字人必须提供）；

● 户籍证明；

● 婚姻证明；

● 征信报告；

● 贷款申请表；

● 经营项目证明文件：

○ 有限公司类：营业执照、公司章程（纸质或网上可查询）、行业许可证（特殊行业需提供）、营业执照副本（如有需提供）、股东会议决议、验资报告；

○ 个体工商户：营业执照、场地租赁合同；

○ 无营业执照经营实体：场地租赁合同、经营单据、照片。

● 还款能力证明资料：

○ 销售收入证明资料：证明经营收入、利润的资料，如账本、税单、工资单、对账单、经销合同、能推算生产量的用电用料发票、进货单据、销货单据等。前述资料中至少有一种，如果资料数量过多，可汇总后选择几张带回；

○ 银行流水单；

○ 证明资产的资料：房产证、土地使用许可证、购房合同、机动车行驶证、库存证明文件、应收款证明文件、机器设备购买合同协议发票等。

Ⅶ.2　消费性贷款

借款人提供资料或需借款人签字、填写的资料：

- 身份证（合同上的所有签字人必须提供)；

- 户籍证明；

- 婚姻证明；

- 征信报告；

- 贷款申请表；

- 工作证件、收入证明、银行流水单；

- 房产证、土地使用许可证、购房合同、机动车行驶证等；

……

第七章　小额贷款机构贷款产品设计

第一节　贷款产品的设计

现在很多贷款机构推出了各种各样的贷款产品，五花八门、层出不穷，有的按行业划分，例如，"服装贷""超市贷""餐饮贷""农业贷"等，甚至在有的行业内按商品类别细分，如在"农业贷"中，又分"花椒贷""大蒜贷""蘑菇贷"等；有的按借款对象划分，如"工薪贷""惠农贷""经营贷"等。还有一些为了推广宣传，取了一些很有噱头名字。看似眼花缭乱的贷款产品，很多实质内容都是一样的。

本章所阐述的就是贷款产品的实质内容，探讨针对不同行业、不同人群的贷款应如何对各种贷款要素进行科学、合理地设计。

一、贷款产品设计的原则

（一）简单易懂

贷款产品设计要让人容易理解，一听就懂。你去跟农民讲"惠农贷"，跟上班的人讲"工薪贷"，跟经营服装的人讲"服装贷"，这些人听了之后，可能还是很迷茫，因为他们不知道你所讲的具体内容是什么，对于他们来讲，最关心的就是能贷多少款、利率多少、怎么还款等内容，他们不在乎这叫什么贷款。

（二）广泛适用

小微贷款的借款群体很广泛，每个人都有不同的情况，如果将贷款产品的各要素固定以设计出某一种贷款产品，以针对某一群体，或者说这一群体就使用这种已固定了的贷款产品，由于每个借款人个体的差异，这样的贷款产品不一定适合每个借款人。同样由于借款群体广泛而个体差异大的原因，如预先设计出固定的贷款产品，为了满足需要，可能会设计出大量的各种各样的贷款产品，这会使得小贷机构的产品太繁杂，管理可能会出现混乱。

因此，笔者认为，最好的做法不是事先设计出很多贷款产品去选择借款人，而是为每一个借款人"量身定制"最适合的贷款产品。

二、贷款产品的基本要素

如前所述，一个人需要贷款时，他最关心的问题是能不能贷到款、能贷多少、能贷多长时间、要承担的利息是多少、是否需要担保抵押、怎么还款等问题，这些问题就是一笔贷款最基本的要素，这些基本要素就能构成一笔完整的贷款，这也是借款合同的主要内容。

1. 金额。就是贷款的额度，小贷机构给借款人贷多少款。

2. 利率。小贷机构给借款人放款，按多少利率收取利息。

3. 放款方式。以何种方式向借款人发放贷款，包括信用、保证、抵押和质押等。

4. 期限。借款人使用贷款的时间，或者说要求借款人什么时候贷款归还。

5. 还款方式。要求借款人按什么方式还款，是分期还款方式还是一次性偿还方式。

三、产品设计

前面讲到，最好的产品是为借款人"量身定制"的产品，就是根据每一个借款人的不同情况和特点，对贷款的每一项基本要素进行匹配，进行匹配后的贷款基本要素的组合就是针对某一借款人的贷款产品。下面就每一基本要素如何根据借款人的特点进行匹配进行阐述。

（一）贷款金额

贷款金额的确定分几种情况。

1. 如果是短期贷款，按借款人预期的现金流入来确定贷款金额。申请短期贷款的借款人，用于还款的往往是借款人的流动资产，如应收账款的回收、存货的出售等，要预估这些流动资产能产生多少现金流入，根据预计的现金流入匹配相应的贷款金额。

2. 如果是长期贷款，按借款人的盈利能力来确定贷款金额。长期贷款往往是用于购买固定资产、投资等用途的，长期贷款的偿还一般不是靠处理资产变现偿还，而是靠利润来偿还的，因此，要测算贷款期限内，借款人能获得多少利润，根据预测的利润来匹配贷款金额。

3. 根据借款人的还款来源来确定金额。不论借款将贷款用于哪个方面，但还款来源是确定的，则可根据还款来源的价值确定贷款金额。如借款人计划用即将收回的应收账款来还款，则可根据应收账款的金额确定贷款金额；如计划用存货销售后的资金还款，则可根据存货的价值确定贷款金额；如计划用利润来还款，则要计算在贷款期限内，借款人可能会实现的利润金额，根据利润金额来确定贷款金额。

（二）利率

利率主要根据小贷机构的资金成本、合理利润等因素决定，是由小贷机构确定的，这在前面有关章节阐述过。但对于不同的借款人和贷款方式，可以设计有差别的利率政策。例如针对质量和信用记录好的借款人、提供足值抵押的借款人等利率可低一些。

（三）贷款方式

贷款方式根据贷款的风险程度来确定。如果借款人各方面条件较好、有足够的还款能力，可以发放信用贷款；如果某些方面条件有缺陷，或还款能力不足，则应发放保证贷款；如果借款人条件有较大缺陷，或还款能力较大不足，则可认为风险程度较高，应发放抵押贷款。

同时要考虑贷款时间的问题，如果是贷款期限较短，借款相对稳定，预期变化不大，可考虑信用、保证等贷款方式；如果是长期贷款，则贷款到期时不确定的因素很多，风险相对较高，则应考虑抵押贷款方式。

贷款方式也要与贷款的还款方式相结合，如果是分期还款方式，由于每期都在还款，贷款余额越来越少，风险相对较小，则可考虑以信用贷款、保证贷款为主；如果是整贷整还等一次性还款方式，风险相对较高，则可考虑抵押贷款方式。

（四）贷款期限

贷款期限应考虑以下几种因素确定。

1. 贷款用途。如果是将贷款用于短期周转，则期限可短一些，如果是将贷款用于投资、购置固定资产等，则贷款时间可长一些。

2. 借款人的还款能力。通过对借款人还款能力的评估，计算出他在多长时间内能够取得足够的净收入来归还贷款，那么就将贷款的期限定在这个时间内。当然，如果这样算下来时间太长，小贷机构不能接受，认为其还款能力不足，则可降低贷款金额。

3. 经营周期。适用于那些有明显经营周期的借款人。例如，种植业，种植的商品从开始种植到收获，再到销售取得收入，这就是一个周期，贷款的到期日应定在种植物销售后；同样如养殖业，贷款的到期日就定在养殖的牲畜出栏销售后。还有一些淡旺季明显的行业，贷款是用于旺季补充资金的，旺季结束资金就回收应，贷款到期时间应定在旺季结束后。

4. 根据还款来源确定贷款期限。如计划用应收账款来还贷款，可根据应收账款的回收时间确定贷款期限；如用存货或其他资产销售后的资金还款，则应根据这些资产的销售时间及资金回收时间确定贷款期限；如计划用利润还款，则需计算要用多长时间实现的利润才能还款，根据这个时间来确定贷款期限。

（五）还款方式

还款方式主要以"尊重客户的现金流"为主，在确定贷款的还款方式时，应按借款人现金流的情况来确定，是什么样的现金流就按什么方式还款。如果借款人每月都有现金流入，且每月的现金流入都是持续的、稳定的，则应当以按月还款的方式为主，例如工资收入、餐饮、宾馆、商品贸易等；如果借款人的现金流只能在确定的某个时间回收，则应当以整贷整还的方式为主，例如，涉农贷款的种植贷款、养殖贷款，都在产品收获后才能获得资金，这时才能还款；还有一些情况就是借款人的现金流入不规律，在贷款期间不能确定什么时间有资金流入，则可选择相对灵活的"借款期内不定时还款"方式，如工程行业。下面列出一些常见的还款方式和与之相对应的现金流形式。

1. 等额本金。适用于有持续现金流入的行业和借款人，如商品流通业、服务业、加工制造业等。

2. 等本等息和等额本息。适用于有持续现金流入的行业和借款人，且现金流是基本均匀的，如商品流通业、服务业、加工制造业等。

3. 前期按月付息，后期等额本金。适用于期初投资类贷款，投资的行业包括商品流通业、服务业、加工制造业等，因为在投资期内没有现金流入，这时还款就会比较困难，投资完成后，这些行业就能持续产生现金流入，还款就有来源。这种方式也适用于淡旺季比较明显的行业，借款人在旺季需要资金，还款有压力，在淡季时，资金比较充裕，可用于还款。

4. 按月付息、按季还本。适用于工程行业、种植业和养殖业的贷款，因为这类贷款的现金流不是持续性的，而是间断性的。种植业要在一季作物成熟后销售出去才有现金流，养殖业要等到这一批牲畜出栏销售后才有现金流入，工程行业也是要等到结算期出包方才会付款，这种还款方式基本与这些行业的现金流特点相吻合。

5. 按月付息，到期还本。适合平时无现金流或很少现金流较少的借款人，如工程行业、种植业和养殖业贷款。

6. 核定最高额度，随借随还。适合在将来的一个时间段内现金流入和流出都不能确定或不固定的借款人。

7. 一次贷款，不定期还款。适合在将来的一个时间段内现金流不能确定或不固定的借款人。

第二节　货款产品设计案例

案例一[①]

客户经营服装 8 年，每月销售收入为 10 万元，每月利润为 2 万元，每月家庭开支为 8000 元。现有存货 12 万元，房产价值为 60 万元，房贷余额

---

① 由于贷款利率是小贷机构事先制定好的，与某个具体借款人的情况不会有太大的关联，因此在本案例及后面的案例中不分析利率。

为 13 万元，每月还款 2500 元。现申请贷款 10 万元用于旺季补充存货，期限为 12 个月。

针对这个案例，我们对贷款产品的基本要素一一进行分析。

贷款金额。在这个案例中，借款人的还款来源是利润，因此贷款额度要根据其利润的多少来确定。月均利润为 2 万元，减去家庭开支 8000 元和还房贷 2500 元，每月剩余利润为 9500 元，如果期限为 12 个月，则有剩余利润 114000 元，连本带息还款应该没有问题，所以可以满足借款人的申请金额。

贷款方式。在本案例中，借款人经营时间长，在当地购有住房，经营情况较好，比较稳定，是可以发放信用贷款的。

贷款期限。在本案例中，借款人申请的是 12 个月，在测算贷款额度时，也是按 12 个月测算的，12 个月的剩余利润可能刚好能还本付息，这说明 12 个月期限是合理的，但如果考虑到借款人每月利润可能也不稳定，为了给还款留有余地，或预防其他情况发生，也可以将期限适当延长 2 个月或 3 个月，将贷款期限设定为 14 个月或 15 个月。

还款方式。借款人每月都有现金收入，应选择按月还款方式，如等额本金或等额本息。

案例二

借款人因女儿出国留学，还差学费 12 万元，现申请贷款 12 万元。借款人本人是一名医生，每月工资为 15000 元，配偶是一位老师，每月工资为 8000 元，每月家庭开支为 16000 元（含女儿每月开支费用），夫妻在本市有商品住房，价值约为 80 万元，无负债。

针对这个案例，我们对贷款产品的基本要素一一进行分析。

贷款金额。在这个案例中，借款人的还款来源是夫妻俩的工资收入，因此贷款额度要根据其除去家庭开支后的余额多少来确定。夫妻月均工资收入为 2.3 万元，减去每月家庭开支 16000 元，每月剩余 7000 元，这也是可用于还款的金额，这样算下来，借款人用 20 个月的时间是可以还清这笔贷款的。

贷款方式。在本案例中，借款人及其配偶工作很稳定，在当地购有住房，经济情况较好，是可以发放信用贷款的。

贷款期限。根据上面对贷款金额的测算，借款人需要 20 个月左右就能还清贷款，由于夫妻的工资收入是稳定的，出现意外的可能性较小，因此，期限可定为 20 个月。

还款方式。借款人每月都有工资收入，应选择按月还款方式，如等额本金或等额本息。

案例三

借款人及其配偶承租养猪场养猪，现有小猪 120 头，价值 6 万元，6 个月后出栏，中猪 200 头，价值 20 万元，3 个月后出栏，现差饲料款 6 万元，无其他负债。借款人在本地从事养猪行业 2 年，不是本地人，在本地也没有住房，租当地农民房居住。现申请贷款 8 万元用以支付饲料款。

针对这个案例，我们对贷款产品的基本要素一一进行分析。

贷款金额。在这个案例中，借款人的还款来源是猪的销售收入，因此贷款额度要根据其猪的销售金额来确定。但猪销售后要支付饲料款和购买下一批小猪，剩余金额才能用于还贷款。借款人的 200 头中猪在 3 个月后销售可能会有 30 万元收入，除去那时可能积欠的饲料款约 10 万元、再买小猪约花费 8 万元外，还有 12 万元可用于还款，因此贷款金额 8 万元是可行的。

贷款方式。在本案例中，借款人是外地人，在本地无住房，养殖场地也是租的，存在不稳定因素，所以发放信用贷款有较高的风险。可要求由有稳定收入、有住房的本地人作担保人或共同借款人。同时，考虑到养殖风险较大，可要求借款人购买养殖保险。

贷款期限。借款人最近一批猪的销售约在 3 个月后，销售收入能够还清贷款，贷款期限可以是 3 个月或 4 个月。但如果考虑到借款人在第一批猪销售后还有其他支出，也可考虑第一批猪销售后还一部分，第二批猪销售后还一部分，则贷款期限可以是 6 个月或 7 个月。

还款方式。借款人目前养殖的猪是分两批销售的，且销售间隔期是 3 个月，也就是说要每 3 个月才会有现金收入，平时只有支出没有收入。因此根据其现金流情况，适合按月付息、按季还本的还款方式。

案例四

借款人是本地农民，将自己的承包地改造成鱼塘养鱼，已经养殖了5年，现有库存鱼价值约35万元，计划在5个月后的春节期间上市销售，现申请贷款15万元用于购买饲料，无负债，在农村有自建住房。

针对这个案例，我们对贷款产品的基本要素一一进行分析。

贷款金额。在这个案例中，借款人的还款来源是鱼的销售收入，因此贷款额度要根据鱼的销售金额来确定。但鱼销售后要购买下一批鱼苗，剩余的金额才能用于还贷款。借款人现有库存的鱼价值约为35万元，春节期间的销售收入至少是35万元，除去买小鱼苗约花费10万元外，剩余的资金足够还款。

贷款方式。在本案例中，借款人是本地人，自建鱼塘，养殖经验较为丰富，可以发放信用贷款，但考虑到鱼的养殖风险大，在可能的情况下，也可要求借款人购买养殖保险。

贷款期限。借款人在5个月后的春节期间销售，销售收入能够还清贷款，贷款期限可以是5个月或6个月。

还款方式。借款人的鱼会在春节期间全部销售，在鱼销售完后要全部将贷款还完，因此还款方式应采用整贷整还。

案例五

借款人承包劳务工程，贷款30万元用于补充工程项目的启动资金，工程总额为420万元，预计工人工资支出为350万元，毛利约为70万元，工期约为15个月，根据工程合同，发包方每月按工程进度支付工程款。借款人为本地人，有住房，价值约为55万元，无负债。

针对这个案例，我们对贷款产品的基本要素一一进行分析。

贷款金额。在这个案例中，借款人的还款来源是工程劳务收入，减去工资支出后，整个工程的毛利约为70万元，是足够还款的，因此，可以放款30万元。

贷款方式。由于是工程项目，风险较高，存在工程款难收等情况，贷款风险较大，因此可要求提供抵押。

贷款期限。由于整个工期需要15个月，因此可将贷款期限设定在15个月，同时考虑到工程款回收有延期的可能性，贷款期限也可长于 15 个月。

　　还款方式。借款人每月会有一定的现金流入，但是由于是根据工程进度收款的，因此每个月的收款金额不会相同，同时每月也会有支出，每月剩余的资金是不同的，针对这种情况，可用"一次贷款，不定期还款"的方式，也就是在期限内，借款人根据每个月的剩余资金情况，剩余资金多时可多还，剩余资金少时可少还，如某月没有剩余资金也可不还。但要确保在贷款期限内将贷款全部还完。

第八章　贷款营销管理与客户关系维护

第一节　贷款营销管理

现在贷款市场竞争激烈，小贷机构要获得客户，必须要走进市场去宣传营销。对于一些传统的金融机构，由于其有一定的知名度，营销的力度可能会小些，但一些新成立的金融机构、小额贷款公司等没有任何知名度，社会大众可能完全不了解，必须通过营销去寻找客户。如果没有进行有效的营销，小贷机构就不能持续地获得客户。

一、小贷机构营销管理

（一）加强对营销的考核

营销是客户经理日常的主要工作，也是小贷机构进行营销的主要渠道，客户经理营销的力度直接反映了小贷机构的营销力度。小贷机构除了对客户经理的贷款业绩进行考核外，还可对客户经理的营销业绩进行考核。由于从营销到产生客户有相对的滞后性，如果不考核，客户经理的营销的持续性就会受到影响。

对营销的考核可从几个方面来衡量：一是从拜访量来考核，下达拜访的任务量，对于完成的给予奖励，多完成的多奖励，对于没完成的进行惩罚；二是通过收集客户的信息量来考核，规定信息量的收集任务，对于完成的给予奖励，多完成的多奖励，对于没完成的进行惩罚；三是收集潜在客户的联系方式，规定联系方式的收集量，完成给予奖励，多完成的多奖励，没完成的进行惩罚。

（二）加强对客户经理营销能力的培训

实践经验证明，没有经过系统的营销能力培训，客户经理营销效果就不会太好，因此，小贷机构应重视对客户经理营销能力的培训。培训的内容主要有：

1. 营销礼仪。小贷机构的客户经理长期与客户交往，需要给人留下专业的形象，以加深别人对小贷机构的印象和认识。因此，需要对客户经理进行礼仪培训，包括日常着装、社交礼仪、言谈举止、仪容仪表等。

2. 交流沟通能力、语言表达能力。营销主要就是持续不断地与人进行交流和沟通，言语迟钝、语言表达含混是肯定做不了营销工作的。小贷机构要训练客户经理的交流沟通能力和语言表达能力。

3. 营销方法与营销技巧。每个行业、每个产品的营销方法和营销技巧不一样。贷款营销是特殊产品的营销，需要有独特的营销方法和技巧，甚至面对不同的人、不同的会面场景营销的方法和技巧都有差异。小贷机构要总结和归纳这些知识，然后传授给新的客户经理，让他们熟练掌握并灵活运用。

4. 小贷机构的贷款产品知识。客户经理营销的就是贷款，对贷款产品必须要熟练掌握。

5. 各行业的基础知识。客户经理营销会接触到各行各业的人，要与这些人进行交流，通过深入的交流就能加深彼此的印象，但交流就需要有共同的话题，而最好的话题就是营销对象所从事的行业有关的问题，这是他们最关心的话题。如果客户经理对行业的基础知识非常了解和熟悉，在与别人进行交流时就会很顺畅，营销效果就会比较好。所以，小贷机构对客户经理进行培训，行业知识也是比较重要的内容。

行业基础知识包括行业发展规律、淡旺季、行业平均成本、费用、行业利润等，还有行业风险、行业经营模式、资金运作规律等。

（三）设立市场推广部

由于营销的重要性，小贷机构可设立专门负责市场推广的部门，负责市场的调研、广告设计、营销的考核、营销用品的筹备等后台支持，以更好地协助和支持一线人员的营销。

（四）适度投放广告

小贷机构的营销主要以客户经理的面对面营销为主，但小贷机构适度地投放广告，可为客户经理的营销起到很大的协助作用。

广告不是小贷机构主要的宣传方式，一是投入的成本很高，二是效果不会太好，现在各种各样的贷款广告宣传太多，一般情况下，不会有人对某一贷款广告有很深的印象。但如果没有任何广告宣传，客户经理去营销，如果小贷机构不是大的金融机构，或就是小贷公司类的，别人会认为是不正规的贷款机构，很难取得信任。但两种方式结合进行营销宣传，效果就会更好。

（五）竞争对手调研

小贷机构要对业务区域内的竞争对手要进行调查，了解竞争对手的数量、同行的贷款产品、利率、贷款服务方式、贷款条件要求等。根据这些调查的结果，小贷机构要做好三方面的工作：一是确定差异化的服务群体，看哪些群体不在其他竞争同行的业务范围内，从而确定自己的服务对象，避免过度竞争；二是针对其他竞争者的产品，制订自己的更有竞争力的产品；三是将竞争对手的服务、产品的优缺点进行总结，然后培训客户经理，让他们在营销时灵活运用。

二、贷款营销人员基本能力要求

（一）吃苦的精神

小额贷款的营销是一个持续的、不间断的工作，在营销过程中，会遇到各种问题，也非常辛苦，考验着营销人员的毅力，所以，客户经理一定要有吃苦的精神，否则，是坚持不下来的。

（二）良好的语言表达能力

这是营销人员的基本能力要求，不再赘述。

（三）不断学习、不断总结

在营销过程中会遇到各种各样的人、从事不同行业的人，以及不同背景、不同素质、不同社会地位的人，面对这样复杂的人群，要从容应对，就要掌握各种社交技巧和谈判的方法。首先要学习，学习各行业知识、社交技巧和谈判技巧。再就是要不断总结，对成功的案例要总结经验，思考如何更好运用到以后的营销中、对失败的案例要总结教训，分析失败的原因，如何在以后的营销中避免。通过不断地学习和总结，任何人都可以成为营销专家。

（四）学会面对挫折

在贷款营销中，经常会遇到被人拒绝，甚至被嘲笑和奚落，有时，也可能营销了很长时间、营销了很多人，但都没有出业绩，面对这些情况时，不要懈怠，不能气馁，要坚持。

（五）专业知识熟记并能灵活使用、对答如流

1. 贷款产品知识。任何营销都一样，必须对营销的产品知识要非常了解和熟悉。贷款营销人员不但要掌握每款贷款产品的特点，还要针对不同借款人的情况，向其推荐最适合借款人的贷款产品。

2. 利率的计算。利率往往是借款人最关心的问题，客户经理要对每款贷款产品利息的计算方法熟练掌握，当借款人想知道需要承担的利息时，要能快速地计算出来。

3. 了解当地同行的情况。对同行的贷款产品、服务方式了解后，在营销时，扬长避短，宣传自己的优势，从而占据营销主动。

4. 各行业知识。掌握各行业知识，在营销中就能与营销对象找到共同话题，能够进行更深入的交流，达到深度营销的目的。

三、营销方式

营销方式多种多样，下面介绍几种常用的营销方式。

（一）拜访

这是小贷机构营销的传统方法，也是现在最有效的方法。扫街、陌生拜访的技巧在后面详述。

（二）渠道营销

进行渠道营销也是非常有效的营销方式，如果做好了，会收到事半功倍的效果。现介绍几种常见的营销渠道。

1. 商品流通渠道。根据商品的流通方向，从核心企业开始，逐级向下级经销商延伸营销贷款，这有些类似于供应链金额的模式。如找到一个品牌的生产商或区域代理商，向品牌生产商或代理商提供融资服务，同时，

由生产商或代理商协助，向他们的一级销售商营销；由一级经销商协助，向他们的二级经营商营销，依次类推，由一个核心企业，发展出众多的借款客户。这样的渠道，一定要与核心企业进行良好的合作，合作成功，会取得非常良好的效果。

2. 服务渠道。与一个服务机构合作，在服务机构的协助下向它的客户营销；如向培训机构的学员、向房屋中介的客户等。

3. 商场渠道。通过与商场经营方合作，在他的协助下向商场内的商户进行营销。

4. 商会、协会、政府主管机关渠道。通过与商会、协会、政府主管机关的合作，向这些机构下的企业进行营销。

5. 单位渠道。通过一些企业、事业单位，向其员工进行营销。这类营销的贷款主要是消费性贷款。

6. 物业渠道。通过物业向小区内的业主进行营销。

（三）老客户介绍

服务好老客户，让老客户介绍客户，在客户当中树立良好的口碑。

（四）广告

通过墙面广告、广播电视广告、大型立体广告进行营销，或通过举办各种活动的形式进行营销。

（五）网络营销

通过社交平台，如 QQ、微信等进行营销。

四、陌生拜访技巧

（一）直接方式

见面时先寒暄，寒暄后你告诉他（她），我是某银行或某小贷公司的客户经理，想跟您交流几分钟，您方便吗，如对方表示同意，则介绍自己本人的姓名、单位的性质、贷款产品等信息，注意在介绍贷款产品时，主要介绍优点和与其他同行相比的优势，以引起对方的注意和兴趣。介绍完毕，对方表示无兴趣，则礼貌地离开，如对方表示有兴趣，则可更深入地介绍。如对方没有明确表示任何意向，则将话题引开，跟他（她）交流一些他感兴趣的话题，如与他（她）行业有关的一些事情。

（二）间接方式

与被拜访人打招呼前，先观察，注意他（她）的年龄、衣着打扮、神态举止，初步判断这是一个怎样性格的人。再注意看他（她）所从事的行业、现在正在做什么，判断他（她）可能感兴趣的话题。得到这些信息后，再与他（她）打招呼寒暄，再与他交流有关他现在正在做的事情的话题，或与他（她）行业相关的话题。他（她）主动问你的时候，或你觉得恰当的时候，就可以介绍你自己和你的单位以及贷款产品了。

（三）营销时的技巧

1. 无论是直接方式还是间接方式，一定要注意时间点的选择，在他（她）忙的时候，不要去营销，可先在一边观察，待他（她）有空的时候再去营销。

2. 在与他（她）进行交流时，无论他（她）表达什么观点，不要轻易反驳，哪怕是你不认可的观点，而更多的时候是要表示认同和认可，这样能拉近你与他（她）的距离。

3. 对他（她）在经营中所取得的成就、经营的特点或独特性以及家庭成员所取得的成就，无论成就大小，都要多加赞美，注意赞美时要自然，不要让人感觉很别扭。因为赞美能让人心情愉悦，这样可以让他（她）对你产生好感。

4. 与他（她）交流一些他（她）感兴趣的话题。感兴趣话题包括个人爱好方面的、他（她）的子女学习方面的、他（她）所从事的行业方面的。通过这些话题的交流，能增进相互之间的信任。如你对他（她）所从事的行业能进行比较深入地分析，能对他（她）提出一些好的建议，他（她）会觉得你很专业，从而对产生尊敬。

五、营销步骤

如果你是一个刚步入营销行业的客户经理，在整个营销过程中应有计划地按以下步骤进行。

（一）广覆盖

在刚开始营销时，为了尽快了解和熟悉目标业务区域，先通过散发宣传单页、名片等进行快速宣传，这一阶段的营销目的主要是了解目标业务区域的市场特征、主要的行业、目标区域人们的经济行为规律、融资偏好、主要竞争对手开展业务的方式，为接下来的深度营销做好准备。

（二）深度营销，深度交流、营销自己

这一阶段的营销是重点，通过与营销对象的交流，要让别人对你产生深刻的印象。现在宣传贷款的人很多，他（她）不一定记得你是哪个贷款机构（银行），但一定要让他（她）记得你是做贷款的，他（她）一旦有资金需求时，首先想到的会是你，会第一个联系你。

（三）持续跟进，多次拜访、经常联系

对营销后的客户要持续跟进，如不跟进，时间长了就会忘记，之前的营销也就前功尽弃。跟进的方式包括再次拜访、电话交流、微信交流、节假日问候等。

六、切勿与中介合作

客户经理主要通过营销获取客户，或通过老客户介绍获得客户，切不能与以收取费用为目的的中介合作来获得客户。中介为获取手续费，是不会考虑风险的，甚至会帮客户掩饰风险，提供虚假的材料，所以通过中介介绍的一般都是经过中介包装的、存在极大风险隐患的客户。

第二节　客户关系维护

要想与客户保持长期合作，获得忠实客户，就必须要做好客户关系维护，给客户留下一个好的服务体验。但如何做好客户关系维护，小贷机构与客户经理应从哪些方面做起呢，笔者给出以下建议。

一、尊重客户

与客户交流时，语言要得体，多用礼貌用语和亲切的语言；客户提出建议和意见时，要虚心听取，合理的建议应采纳，批评的意见要接受；客户有困难时应给予必要的关心、帮助和支持；在节假日给予良好的祝福和问候；客户确实还款有困难，只要不是恶意拖欠，应予以理解和信任，同时帮客户想办法，不要恶语伤人；即使是催收恶意拖欠的客户，也要依法催收，不能有暴力手段。

二、利率和费用要合理

小贷机构的利率和费用要在法律规定的合理范围内，也要在客户的能力承受范围内，不能定得太高，否则，客户不会接受，或者即使本次贷了，以后可能就不会再合作了。

三、为客户保密

在办理贷款过程中，小贷机构获取了客户很多经营上的信息，包括一些敏感的商业秘密，对这些信息小贷机构要防止外泄，也要教育工作人员要保护客户信息。如造成信息外泄，客户将失去对小贷机构及其工作人员的信任，严重的甚至要追究小贷机构的责任，从而导致不会再与小贷机构合作。

四、要有合理的投诉机制和畅通的投诉渠道

小贷公司面对的是众多的客户，在提供贷款服务过程中，难免会遇到一些误会、问题或让客户不满意的地方，为了能及时了解和化解这些问题或分歧，小贷机构应与这些客户进行良好的交流和沟通，因此就要建立一个交流、了解和沟通的渠道，这就需要小贷机构建立合理的投诉机制和畅通的投诉渠道，如要有投诉电话、投诉邮箱、意见簿等。小贷公司在收到客户的投诉后，要有专人来负责，及时了解情况，做好妥善处理，并将处理情况及时反馈给客户，同时做好沟通解释工作。

第九章　贷款信息的调查与交叉检验

我们发放的每一笔贷款，是建立在对借款人充分了解和评估的基础上的。当对借款人信息不了解，或是没有充分掌握，甚至借款人给我们提供的是虚假信息时，我们对借款人的评估就会出现误判，从而导致错误的贷款审批决策。因此，全面充分掌握借款人信息，确保借款人信息的真实性，对贷款审批的正确决策、减少贷款风险至关重要。所以，获取借款人信息是贷款评估的第一步工作，也是最基础的工作。

小额贷款的借款人很多不能提供财务报表，或财务报表根本就不真实，也不能全听借款人口述，因此，必须采取一些方法来核实借款人的所有信息。

第一节　客户信息的分类

借款人信息可分为个人及家庭信息和经营企业信息（见图9-1）。借款人个人及家庭的基础信息包括个人及家庭成员的身份信息、居住信息、婚姻家庭信息、职业信息、个人能力经验、品质品德、信用记录、个人经历等。

借款人个人及家庭资产负债信息包括个人及家庭的主要收入、家庭主要资产、家庭资产结构、家庭负债情况、家庭净资产等。

企业经营历史信息包括企业发展历程、经历的主要变化、发展各时期的净收入情况、净资产变化情况等。

企业经营模式信息包括生产经营流程、上游供货商情况及供货形式、货款支付方式、下游销售方式及下游客户的构成情况、货款回收方式等。

企业管理发展计划信息包括企业的股权结构、经营管理情况、员工构成及员工状态、企业行业状况、企业下一步的发展计划及投资计划等。

企业贷款用途信息包括贷款用在什么项目上、项目需求是否合理、项目总共需要多少资金、自有资金是多少、需融资多少、下一步的融资计划等。

企业收入利润信息包括销售收入、成本、费用、毛利润率及净利润信息。

企业资产负债信息包括资产数量、资产结构、资产的变现能力、负债数量、负债结构、大额到期债务的处理、净资产等信息。

企业资金运转信息包括资金的流入流出情况、流入资金的主要来源、流出资金的主要去向、日常资金的结存量。

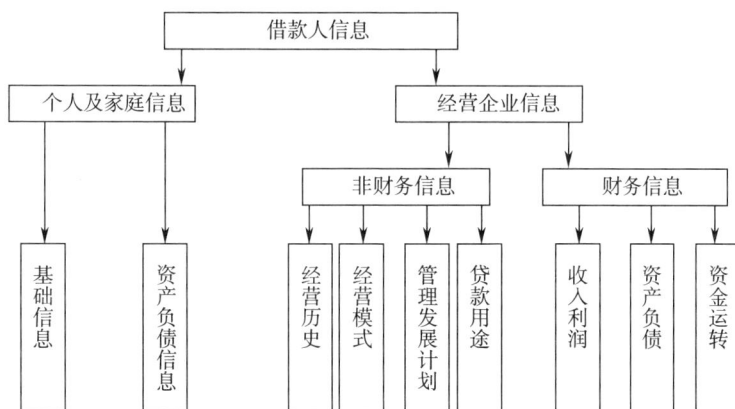

图 9-1　借款人信息分类

第二节　信息调查方式

贷款调查人员可以通过多种方式对借款人的信息进行调查，根据借款人自身的特点和经营特征有针对性地采取方式对借款人进行调查；也可采取多种方式并举进行，然后将通过各种方式得到的信息综合分析，得出最接近真实情况的信息。通常贷款调查有以下方式。

一、问，即通过交流询问的方式进行调查

我们要对借款人和相关人员进行询问的内容包括：

（一）要对借款人本人及股东进行交流询问

（1）客户的基本信息，如年龄、住址、学历、联系方式、婚姻家庭情况等；（2）客户的从业经历和发展历程、经营实体介绍等；（3）股权结构、各股东情况、经营管理及分工情况等；（4）客户对所从事行业的认识、分析等；（5）现在的经营、生产、销售情况；（6）资产、负债、应收应付账款的情况；（7）企业的利润情况；（8）客户的发展战略或发展投资计划；（9）客户申请贷款的资金用途。

（二）要与负责经营生产的相关人员进行交流询问

（1）询问生产设备的运行情况是否正常；（2）询问生产员工的工作情绪及工作状态；（3）询问生产经营的主要原料、辅料、能耗情况等；（4）询问生产、工艺流程；（5）询问安全生产情况；（6）询问半成品情况及半成品数量。

（三）要与相关销售人员进行交流询问

（1）产品的市场的竞争力及市场的行情；（2）产品的销售情况及销售数量；（3）销售渠道和销售网络情况；（4）货款的回收情况及应收账款数量。

（四）要与负责财务的相关人员进行交流询问

（1）企业的销售收入、各项费用支出情况；（2）企业的利润收入情况；（3）企业的资产、负债情况；（4）企业资金的计划使用、资产运转情况；（5）企业的现金流量情况等。

二、看，即通过实地查看的方式进行调查

需要对以下四个方面进行实地观察：

（一）看借款人的经营地、生产地的环境状况

如果是商品流通和服务企业，看其经营场地、门店或商铺是否位于较好的位置，客流量多少；看现场客户有多少；看经营地周围环境情况。

如果是生产企业则看生产场地周围的环境状况；交通运输条件是否便利；是否位于政府的规划区域内；相关配套设施如电力、排污等是否齐全。

（二）看各项制度是否完善健全

包括是否有生产管理制度并被执行；是否有安全管理制度并被落实；是否有财务管理制度并被履行等。

（三）看生产、经营的运行情况

1. 看工艺流程。从原料生产线、产出半成品、生产出产成品的整个生产流程和步骤是怎样的；中间有哪些关键的环节；需要添加哪些关键的原料和辅料；生产的半成品和产成品的合格率如何。

2. 看设备运行。在整个生产过程中，有哪些重要的设备，这些设备运转是否正常；设备的新旧程度、生产出厂时间；设备的耗能、功率情况；设备运行是否安全；是否有闲置设备及闲置原因等。

3. 看员工状态。看员工的工作情绪、状态是否正常；相关的生产操作流程是否认真执行；看是否符合安全生产要求。

（四）看库存情况

查看库存原料、产品的储藏条件是否适当；有无过期、变质、腐烂等不能使用的原料或产品；清点或估算原料和产品的数量。

三、查，即通过查看客户各种经营资料的方式进行调查

（一）查看借款人相关经营证照和经营资质证明

（1）营业执照、税务登记证、组织机构代码证等；（2）合伙协议或公司章程；（3）生产、经营场地的租赁协议；（4）生产经营的资质证书；（5）如是特种行业，需要查看相关部门出具的许可证书，如消防许可证、安全生产许可证、环评报告、排污证等。

（二）查看借款人生产经营活动相关资料

如代理经销协议、供货合同、销售合同、销售记录、客户订单；生产过程中所缴纳的水、电、气等费用的发票；销售产品的销售发票；员工的工资单、生产流程单；各项费用开支单据；其他经营活动的资料。

（三）查看借款人的资产相关证明

包括生产、经营场地的产权证件，如房产证、厂房使用证、土地使用证，以及购置这些资产的付款票据；机器设备的购买合同、协议和付款单据等；运输工具的相关证件及付款票据；现库存原料、产品的进货合同或票据；应收账款的供货证明、客户欠款单据等；现金及货币资金的银行账单、银行汇票、本票等；其他资产证明资料。

（四）通过报纸、杂志、网络查看客户的行业信息

通过报纸、杂志、网络等渠道了解借款人所从事行业国家的相关政策规定、行业标准、限制范围及限制措施等；了解该行业的发展现状及发展前景、供需行情、价格趋势等；了解该行业的特点、运作模式等知识。

通过对相关网站的查询，查看借款人及企业有无被起诉和法院执行记录、有无行政处罚记录、股权和动产有无被质押等情况。

（五）查借款人的信用信息

利用人民银行的征信系统查看借款人及企业在银行的贷款情况、现在的余额、以前的还款记录、有无不良信用记录、有无恶意拖欠等；通过应付账款资料或供货合同查看借款人有无长期恶意拖欠的应付款项；通过税票、水、电费等票据查看客户有无恶意欠缴各种税费的情况。

四、访，即通过多方走访的方式进行调查

可以当面、电话或邮件的形式对以下人员进行访问。

（一）对其员工进行访问

访问的内容包括企业的经营、生产情况；企业内部的管理情况；企业业主的人品、习惯、爱好、嗜好；有无其他债务等相关信息。

（二）对了解行业情况的人进行访问

访问的内容包括企业的生意情况；业主的人品、习惯、爱好、嗜好；有无其他债务等相关信息。

（三）对借款人的客户和供货商进行访问

（1）对供货商的货款是否按时支付，有无恶意的拖欠行为；（2）给客户的供货是否按时、按质，其产品的市场评价如何；（3）企业负责人的人

品、习惯、爱好等。

（四）对相关职能管理部门进行访问

（1）企业的经营发展史，有无违法经营情况；（2）企业的生产、经营能力、资质情况，许可经营范围情况；（3）企业有无税、费的欠缴情况；（4）企业经营者的经验、能力情况。

五、交叉核对

为了确保调查评估得到的信息的真实性，我们要对通过各种方式和渠道得到的信息进行比较、核对和审核。

（一）横向的交叉核对

对同一个问题，我们要对不同来源的信息进行交叉审核，看是否一致或接近，如一致或接近，就可采信；如不一致，则应采纳对降低贷款风险有利的信息。横向交叉核对一般包括以下内容。

1. 借款人的基本身份信息，我们将客户相关的证件与通过网络、相关机构获取的信息进行核对。

2. 借款人的人品、习惯、嗜好情况，我们可将通过访问其员工、供货商、客户得到的信息进行核对。

3. 借款人的信用情况，可将通过访问其员工、供货商、客户和通过人民银行征信系统查询的信息进行交叉核对。

4. 借款人的生产情况，可将通过查询企业生产记录、实地查看、访问生产工人所得到的信息进行交叉核对。

5. 借款人的销售情况，可将通过查询销售记录、票据、访问销售人员和其客户所得到的信息进行交叉核对。

6. 借款人的资产情况，包括土地、房产、机器设备、库存存货，我们可将通过查询相关资产的产权证件、购买合同和通过实地查看得到的信息进行交叉核对。

（二）纵向的交叉核对

对两个或两个以上相关联的问题，要将通过不同方式和渠道得到的信息进行交叉核对，以保证相关的问题具有合理性和逻辑性。纵向交叉核对一般包括以下内容。

1. 客户在发展中所积累的资产实力与现在的实际资产状况是否相符；

2. 客户消耗的原料、辅料、能源与其生产量是否相符；

3. 客户的销售情况与收入、利润情况是否相符。

六、信息来源可靠性分析

对通过不同方式和渠道得到的信息不一致时，我们可通过分析信息来源渠道的可靠性，决定采信哪些信息，一般情况下遵循以下原则。

一是通过"访"得到的信息比通过"问"得到的信息可靠性高。因为我们访问的是企业的内部人员，内部人员在交流时有可能会回避一些不利的信息，或夸大有利的方面，而通过访问外部人员信息真实度较高。

二是通过"查"资料得到的信息比通过"访"和"问"得到的信息可靠性要高。当然首先要保证资料的真实性。

三是外部提供的资料比内部提供的资料可靠性高。

四是对于"看"到的信息，如果能有相关资料佐证则可靠性较高。

第三节　借款人及其家庭信息的调查

一、借款人个人及家庭的基础信息

（一）个人及家庭成员的身份信息

指借款人的姓名、年龄、职务，主要包括以下内容。

1. 看其身份证、户口簿、学历证、职务证、职称证。我们还可以在公安部门的网站上查询借款人身份证件的真伪。

2. 可以通过走访其员工、邻居、朋友来核实信息。

3. 到相关部门（如公安机关）了解情况。

（二）居住信息

1. 通过查看住房产权证件或租房协议、住所的水、电、气缴费凭证来证实。

身份证　　　→　　全国身份查询网

公安机关查询

身份证：1.与结婚证、驾驶证、行驶证上的证件号码是否一致；
2.是否过期

户口簿　　　→　　公安机关查询

户口本（常住人口登记卡）：1.是否存在曾用名；2.亲属关系；
3.原户口地

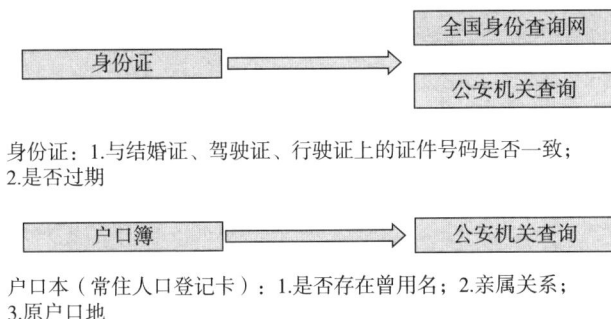

图 9 - 2　对借款人身份信息的调查

2. 家访，实地查看居住情况，了解居住环境和居住条件。

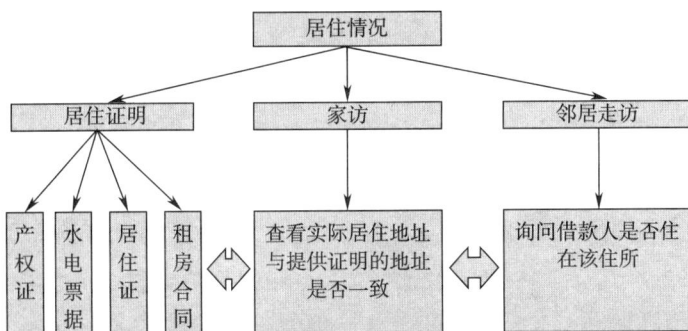

居住情况

居住证明　　　　　家访　　　　　邻居走访

产权证　水电票据　居住证　租房合同

查看实际居住地址与提供证明的地址是否一致

询问借款人是否住在该住所

图 9 - 3　对借款人居住信息的调查

（三）婚姻家庭信息

1. 查看相关证件。如户口簿、结婚证、离婚证、婚姻状况证明文件。

2. 家访。通过家访，对借款人的家庭结构、家庭条件、婚姻状况、其他家庭成员是否支持等情况进行了解。

（四）借款人的发展历程

1. 本人讲述。

2. 通过查看借款人营业执照等相关资料可以了解借款人的从业经历。

3. 到行业组织或相关职能部门（如工商）等查询。

4. 向其近邻居、员工朋友或其他对借款人比较了解的人员查访。

```
                    ┌──────────┐
                    │  婚姻家庭  │
                    └──────────┘
          ┌──────────────┼──────────────┐
          ▼              ▼              ▼
  ┌────────────┐    ┌────────┐    ┌────────┐
  │  婚姻关系证明  │    │  家访  │    │ 邻居走访 │
  └────────────┘    └────────┘    └────────┘
   ┌────┼────┐          │              │
   ▼    ▼    ▼          ▼              ▼
 ┌──┐ ┌──┐ ┌──┐   ┌──────────┐   ┌──────────┐
 │结│ │离│ │户│   │家庭条件如何 │   │家庭关系是否和睦│
 │婚│ │婚│ │口│⇔  │家庭关系是否和睦│⇔ │家人有无不良嗜好│
 │证│ │证│ │薄│   │家人是否支持 │   │          │
 └──┘ └──┘ └──┘   └──────────┘   └──────────┘
```

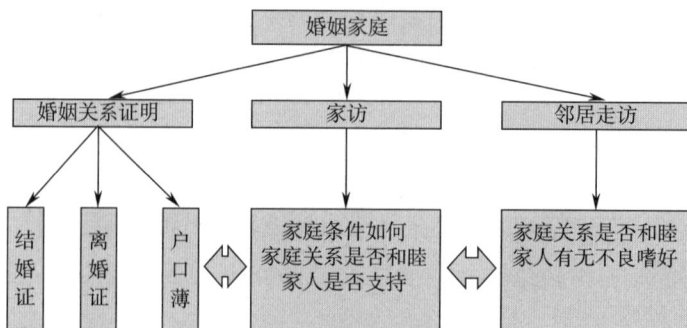

图 9 - 4　对借款人婚姻、家庭情况的调查

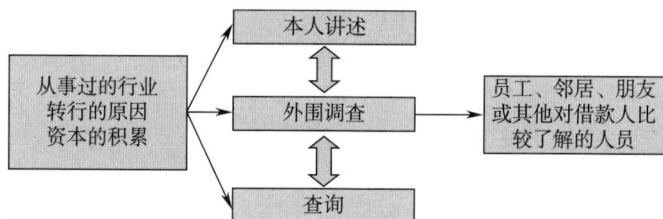

```
                  ┌────────┐
              ┌──▶│  本人讲述  │
              │   └────────┘
              │       ⇕
 ┌──────────┐ │   ┌────────┐   ┌────────────┐
 │从事过的行业 │ │   │  外围调查  │──▶│员工、邻居、朋友│
 │转行的原因  │─┤   └────────┘   │或其他对借款人比│
 │资本的积累  │ │       ⇕       │较了解的人员  │
 └──────────┘ │   ┌────────┐   └────────────┘
              └──▶│  查询    │
                  └────────┘
```

图 9 - 5　对借款人发展历程的调查

（五）个人能力经验

个人能力经验指借款人的经营管理能力、交流沟通能力、处事应变能力等，从业经验指借款人从事本行业时间的长短、对行业的熟知度等。

1. 通过与借款人面谈，可以了解借款人的交流能力，从其对企业和行业的介绍中，可以分析借款人的管理能力和从业经验。

2. 在借款人的经营场所，通过查看其企业有无完善的管理制度且能否执行到位，对生产经营活动和经营场地的管理是否规范有序，员工的精神状态是否积极，可以判断借款人的经营管理能力。

3. 通过查看借款人营业执照等相关资料可以了解借款人的从业经历及从业经验。

4. 通过查看借款人的学历证书了解其学历程度，评估其能力水平。

5. 通过与其员工和借款人进行交流，了解他们对借款人的评价。

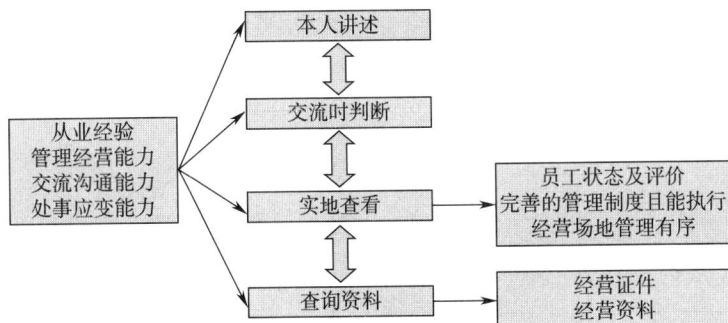

图9-6　对借款人综合能力的调查

（六）品质品德

品质品德指借款人的个人素养、道德修养、健康状况、有无涉赌涉毒涉黄等不良嗜好、有无严重违法行为及犯罪行为等（见图9-7）。

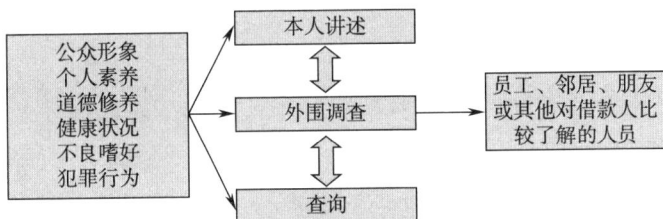

图9-7　对借款人品质的评估调查

1. 通过走访其员工、邻居、朋友或对借款人比较了解的人员了解情况，走访人数应至少为2人。

2. 到相关部门（如公安机关等）了解情况。

（七）信用记录的调查

1. 在银行征信系统查询借款人征信信息，查看有无逾期记录，有无信用卡的恶意透支行为。

2. 向其主要供货商询问有无恶意拖欠货款、赖账等行为。

3. 向其税务主管部门、水电气收费单位了解借款人的税费缴纳情况，有无巨额税费欠缴行为。

4. 登录法院的相关网站，查询借款人有无案件被执行信息。

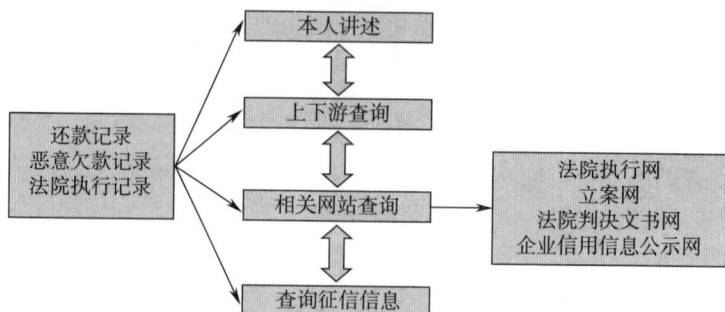

图 9 - 8　对借款人信用记录的调查

5. 外围调查走访，有无经常到处负债的情况。

二、借款人个人及家庭资产负债信息

（一）个人及家庭的主要收入

查看借款人及家庭成员的收入证明、银行流水、工资清单等。

（二）家庭主要资产、家庭资产结构

1. 查看主要的资产证明，如房屋产权证件、车辆证件、金融资产票据等。

2. 到资产所在地实地查看。

（三）家庭负债情况

1. 查看借款人本人及家庭成员的征信报告。

2. 外围调查走访。

（四）家庭净资产

将家庭资产总额减去家庭负债总额得出净资产总额。

第四节　借款人企业非财务信息的调查

一、企业经营历史信息

（一）与借款人、企业的主要管理人员进行交流，询问企业的发展历史。

（二）查看企业历史的经营档案。

（三）查询工商登记信息变化情况。

二、企业经营模式信息

（一）生产经营流程

1. <u>企业负责人介绍</u>。

2. 实地现场查看。

3. 查看资料。

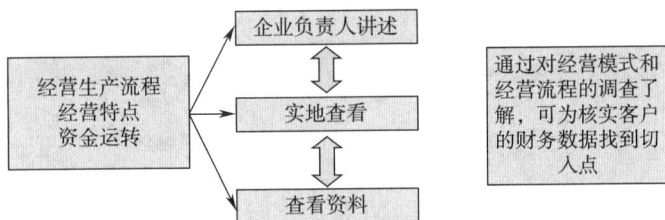

图9－9　对借款人企业生产经营流程的调查

（二）上游供货商情况及供货形式、货款支付方式

1. 与采购人员交流沟通了解情况。

2. 查看进货单据、合同、发票、货款付款记录。

3. 与主要供货商走访交流，了解相关情况。

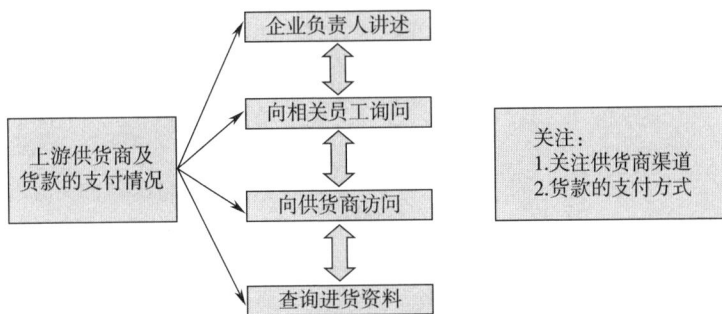

图9－10　对借款人企业上游供货情况的调查

（三）调查下游销售方式及下游客户的构成情况、货款回收方式

1. 与销售人员交流沟通了解情况。

2. 查看销售单据、合同、发票、货款回收记录。

3. 与下游主要客户进行走访交流，了解相关情况。

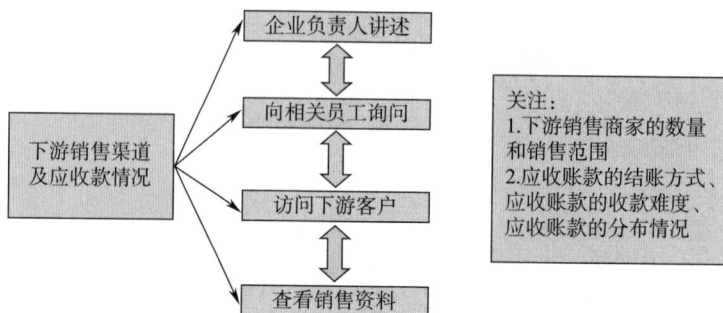

图9-11 对借款人下游销售情况的调查

三、企业管理、发展计划信息

（一）企业的股权结构

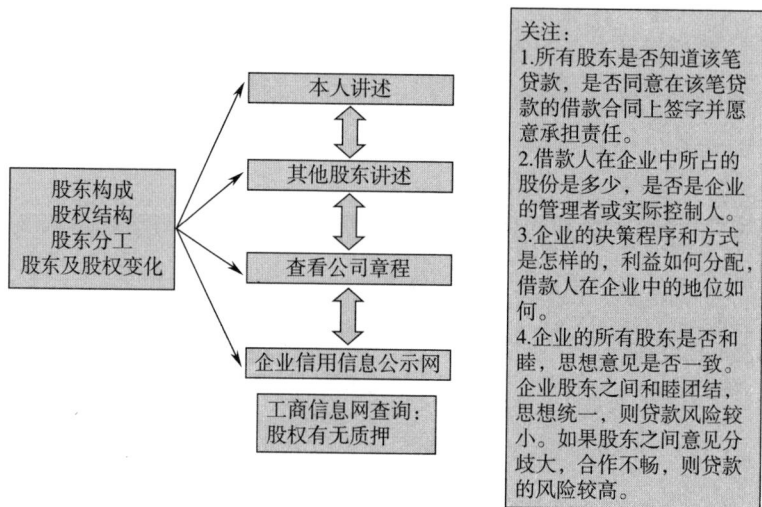

图9-12 对借款人企业股权结构的调查

1. 查看经工商行政管理机关核准的公司章程和合伙协议，查看工商登记信息的变更记录，了解股权的变化情况。

2. 与各股东交流了解股东间的分工情况、股东间合作情况及股东间的关系。

3. 向企业员工了解企业的股权情况。

（二）经营管理情况

1. 查看管理制度。查看有无相应的生产经营管理制度，管理制度是否合理；管理组织架构的设置是否合理。

2. 现场实地观察。通过实地观察，查看生产经营现场管理是否规范有序；查看生产经营现场的物品摆放、卫生状况是否良好，相关制度是否落实到位。

（三）员工构成及员工状态

1. 查看企业的工资发放表。

2. 实地查看员工的状态。

3. 对企业员工进行走访交流。

（四）企业所处行业状况

1. 查看相关行业的法律法规和政策。

2. 实地市场调研。

3. 与行业内的专家、从业人员进行交流。

四、贷款用途信息

（一）通过与借款人进行交流了解；

（二）查看贷款用途项目的投资文件和相关资料；

（三）到贷款用途项目实地查看；

（四）查看借款人和借款企业自有资金的准备情况。

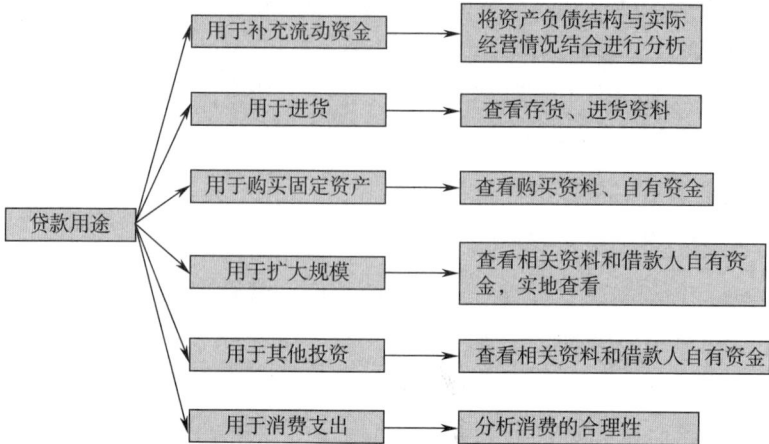

图 9 – 13　对借款人贷款用途的调查

第五节　对无正规财务记录借款人财务信息的调查

　　小额贷款的借款人有些是没有任何财务记录的，有些只有简单的财务记录，有些有比较正规的财务记录及财务报表。根据这些不同情况，在对小额贷款的借款人进行财务信息调查时，在调查方式上会有一些不同，因此，这里将分情况介绍财务信息的调查方法。

　　对无正规财务记录的借款人企业，调查人员在对相关财务数据进行调查核实清楚后，要根据这些数据编制企业的损益表和资产负债表。

　　在无正规财务记录的情况下，财务信息调查的程序如图 9 – 14 所示。

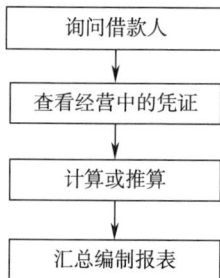

图 9 – 14　无正规财务记录情况下财务信息调查程序

上文阐述了如何询问借款人和询问哪些问题，这里主要介绍如何通过查看企业经营过程中的凭证和相关资料来核实或推算财务信息。

一、企业收入利润信息

（一）销售收入

调查借款人销售收入的方法包括：

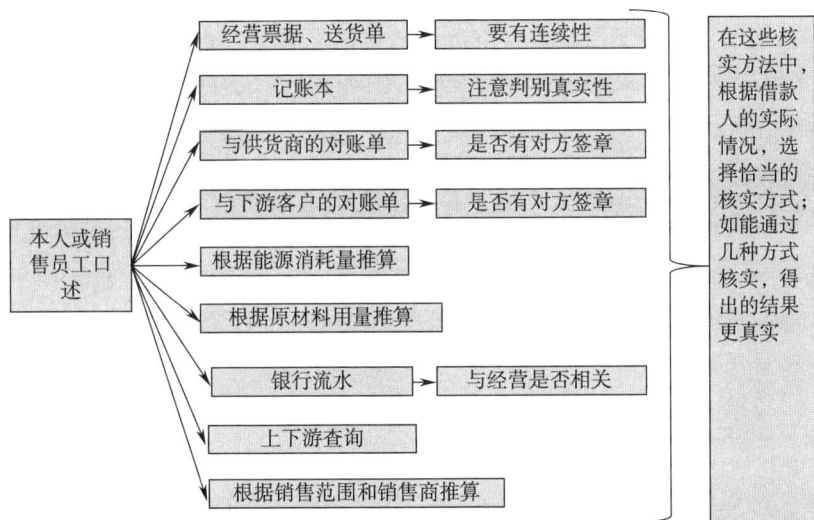

图9－15　对借款人销售收入的调查

1. 查看借款人的原始销售单据。绝大多数的经营实体，无论规模大小，在经营销售过程中，都会留下一些经营销售小票、票据、单据，可通过将这些销售小票、票据、单据进行汇总，得出销售收入。例如餐馆有点菜单，将每日的点菜单汇总可以得到营业额；服装店有销售小票，将其汇总可以得到销售额；小型超市一般会有收款机，汇总收款机的金额可以得到销售额；宾馆一般会有开房记录，将这些记录汇总可以得到营业额；当然，有些借款人将这些票据保存得很完整，查看汇总起来比较方便，但有一些保存得不完整，则可以抽查较完整的天数的单据并将其汇总，然后再推算一个月或一年的营业额。

2. 如果借款人自己记销售流水账，可通过销售流水账计算得出销售收入，但要注意其真实性，要查看笔迹是否吻合或字迹是否新旧有序。

3. 如果借款人保存有企业与其供货商的往来对账单，可根据对账单显示的进货量或进货金额和销售的毛利率推算销售额。例如借款人的销售毛利率是 20%，对账单显示的每月进货金额为 10 万元，则每月的销售额为 10 万元 ÷（1 − 20%）= 12.5 万元。

4. 如果借款人保存有企业与其客户的往来对账单，可直接根据对账单金额确定销售额。

5. 如果是小型生产企业，可以查看借款企业使用能源的缴费发票，根据借款企业在生产中必须用到的能源（如电、煤、天然气）消耗量，并结合设备的功率及单位时间产量来计算其生产量。例如某塑料制品企业，有两台功率各为 25 千瓦的注塑机，每台注塑机每小时生产塑料杯 300 个，从借款企业的电费发票得知，企业平均每月的用电量为 8000 度。可推算两台机器每小时生产 600 个杯子，每小时耗电 50 度，则生产量为 8000 ÷ 50 × 600 = 96000（个），如果每个杯子的售价为 3 元，则平均每月的销售额为 28.8 万元。

6. 如果是小型生产企业，也可查看借款企业采购原材料的购货合同、发票或其他单据，根据原材料用量来推算生产量。例如某铸造厂铸造一种机械部件，每个产品的重量为 50 公斤，从钢铁厂的进货发票得知，平均每月进铁 80 吨，则可推算每月的生产量为 80 × 1000 ÷ 50 = 1600（个），每个产品的售价为 320 元，则平均每月的销售额为 51.2 万元。

7. 查看与日常经营相关的银行账户的存入金额。如果借款企业将大部分销售收入存入银行，以备支付货款及费用等，我们可通过计算与日常经营相关的银行账户的存入金额确定其销售额。

8. 如果客户没有与经营相关的任何记录或记录很不完整，我们可通过电话、传真或邮件的方式访问其主要的代理商或销售商，访问内容包括进货量和进货金额等。

9. 我们可通过查看其销售网络、销售商数量的多少以及销售范围的宽广来推算确定其销售额。

（二）成本

我们将随产品的生产量变化而变化的支出确定为成本。包括产品消耗的原材料费用、辅料费用、工人的计件工资、能源费用、销售人员提成工资、应收账款损失、物流费用、随销售而变动的税费及其他支出。这些费用只有在借款人有生产销售的情况下才会有支出，没有生产销售就不会有这些支出。

1. 进货成本的确定

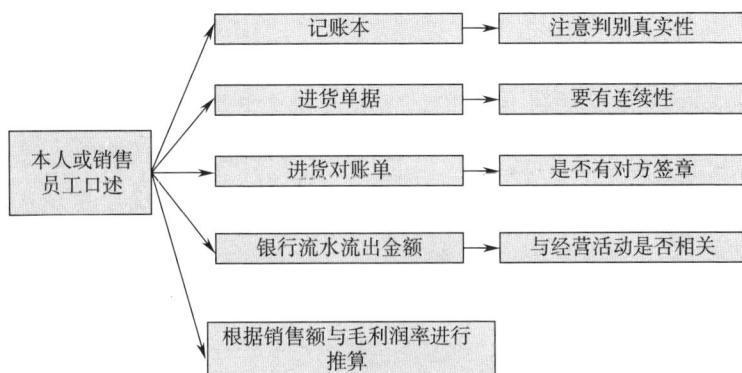

图 9 - 16　对借款人成本的调查

（1）查看进货单据、进货发票。

（2）在产量与原材料用量相对固定的情况下，可倒推其原材料存量。如上例中，在通过用电量得知月均生产塑料杯 96000 个，每个杯子重 120 克，则塑料原材料存量为 96000 × 0.12 公斤 ＝11520 公斤，每公斤塑料购进价格为 12 元，则原材料成本约为 13.8 万元。

（3）根据借款企业的银行账单向供货商的汇款记录确定。

2. 计件工人的工资

（1）可直接访问工人计算确定。

（2）如果企业有工人工资表可直接确定。

3. 能源消耗费用，直接查看借款企业所交的各种交费发票确定。

4. 销售人员提成工资

（1）有工资表的，可直接查看工资表确定。

（2）叮通过直接访问销售人员确定。

（3）在已知销售额的情况下，按提成比例计算确定。

5. 物流费用

（1）根据物流单据计算确定。

（2）根据货物运输量、一般的运输价格计算确定。

6. 销售类税。销售类税包括销售增值税、消费税等，可通过各种税票计算确定。

（三）费用的调查

我们将不随生产销售变化而变化的支出确定为费用。无论是否有生产销售发生，这些支出都是固定的，如果销售毛利润不足以支付这些费用，借款人就会亏损。费用支出包括店面或厂房、机器设备的租金、员工的固定工资、借款利息财务费用、其他的税费支出等①。费用确定的方法包括：

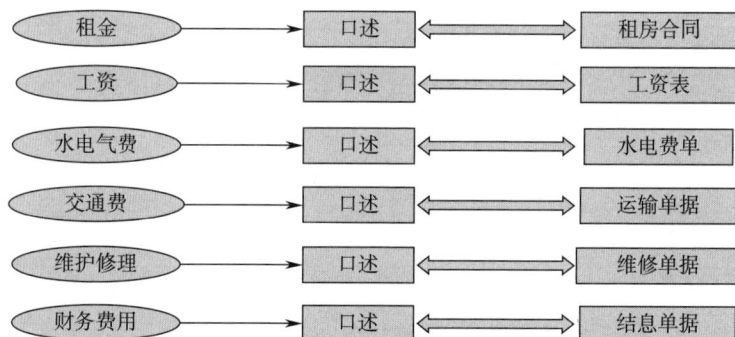

图9-17　对借款人费用的调查

1. 店面或厂房、机器设备的租金费用，可通过查看相关的租赁合同、租金收据直接确定。

2. 员工的固定工资

（1）有工资表记录的可直接确定

（2）可通过访问工人计算确定

3. 水电气费用，查看水电气费缴费单据确定。

4. 其他管理费用，包括厂房、设备的维修、管理人员工资、通讯费、

———————

① 实际生产中，还包括厂房、设备的折旧费，但我们分析贷款是以现金流为基础的分析，折旧费用对现金流影响不大，故我们不计算折旧费用支出

差旅费、固定税收等，通过查看相应的发票、记录、收据确定。

5. 财务费用，根据借款人的外债余额、到期时间、还款方式、借款利率等分析计算借款人的财务费用。

（四）利润

用销售收入减去成本费用可计算出利润。

二、企业资产负债信息的调查

（一）流动资产的调查

1. 现金，现金可通过清点确定。

2. 银行存款，银行存款可通过查看借款人的银行对账单余额确定。

3. 应收账款，应收账款可通过以下方法调查。

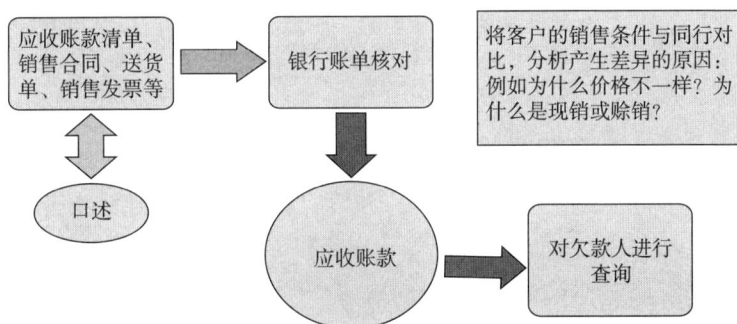

图 9 – 18　对应收账款的调查

第一步：听借款人口述应收账款金额。

第二步：查看相关单据确定应收账款是否存在。

（1）如果借款人有账本的，查看借款人的原始记录。

（2）根据送货单据、发货单据汇总计算。

（3）如果有欠条的，查看欠条并汇总计算。

第三步：将上一步得到的应收账款与收款银行的账户进行核对，查看款项是否已收取，如已收取，则应减除已收到的金额。

第四步：向主要欠款人查询，经走访查询欠款人否认的不予认定。

同时，也可根据借款人企业的销售赊销率和平均账期进行推算。例如，客户销售商品时收取 70% 的货款，欠下 30% 的货款在 2 个月内付清，月销售额是 50 万元，则应收账款是 50 万元 × 30% × 2 = 30 万元。

应收账款确定的注意事项：只有借款人口述，不能提供相关记录或证明的不予认定；时间很长，有可能已是呆账的不能认定。

4. 存货价值，存货价值可通过以下方法调查。

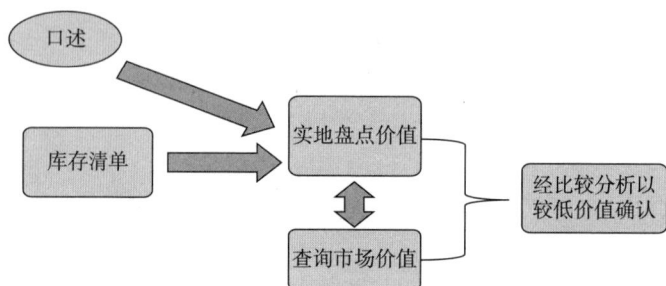

图 9 - 19　对存货的调查

第一步：借款人口述存货数量。

第二步：如果借款人企业有存货记录，则查看借款人的存货记录并汇总，再根据存货记录进行抽查盘点；如没有存货记录，则直接实地清点各种原料、半成品、产品的库存情况，再根据各自的单价确定存货价值。

第三步：查询这些存货的市场价值。

第四步：将存货的库存价值与市场价值进行比较，以较低者作为评估价值。这里为什么要进行比较，并选择较低的价值作为评估价值呢，假设借款人发生风险不能正常偿还贷款，需要处理资产来偿还，这时，必须将这些资产在市场上出售变现后来偿还，这时是以市场价在衡量资产价值的，而不是以库存价值来衡量的，所以，根据谨慎性原则，选择较低的价值作为评估价值。后面在调查评估其他资产时也是类似的原理。

存货价值确定的注意事项：存货中破损或过期腐烂变质的不确认；库存时间长且不易变现的不确认；库存中不属于借款人的存货不确认；具有特定用途、法律法规限制转让的不确认；已经销售还未发货的库存不确认。

（二）固定资产的调查

固定资产包括土地厂房、生产设备、运输工具等。

1. 土地房屋价值，土地房屋价值可通过以下方法调查。

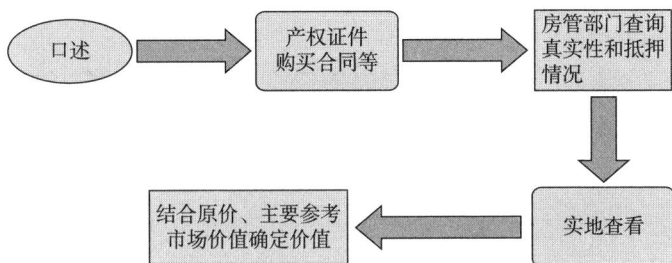

图9－20　对房屋土地的调查

第一步：借款人口述所拥有的土地房产情况。

第二步：查看土地房产的相关资料，确定原始的购买价值。

（1）查看土地出让的相关证明。

（2）如房屋是自建，则查看购买主要建筑材料和劳务的合同协议。

（3）如是承包建造的，则查看房屋建筑承包的相关合同协议、工程决算报告等确定。

（4）如果是购买的房屋则查看购买合同、协议等确定。

第三步：到土地管理部门和房屋管理部门，或在相关网站查询房屋产权的真实性、有无被抵押、查封等情形。

第四步：现场实地查看土地房屋的状态、评估其价值、变现能力等。

第五步：了解当地市场行情，评估土地房屋的市场价值。

土地房屋价值确认的注意事项：没有相关产权证件、购买协议或本身是没有批准的违章建筑不能确定其价值；土地性质是划拨的，不确认土地价值；房屋破损无法使用的不确认其价值；房屋是特定用途的、法律限制转让的不确定其价值；借款人提供的证明材料显示的价值与市场价值比较，按孰低的原则确认。

2. 机器设备价值，机器设备价值可通过以下方法调查。

第一步：借款人口述所拥有的机器设备的数量及价值。

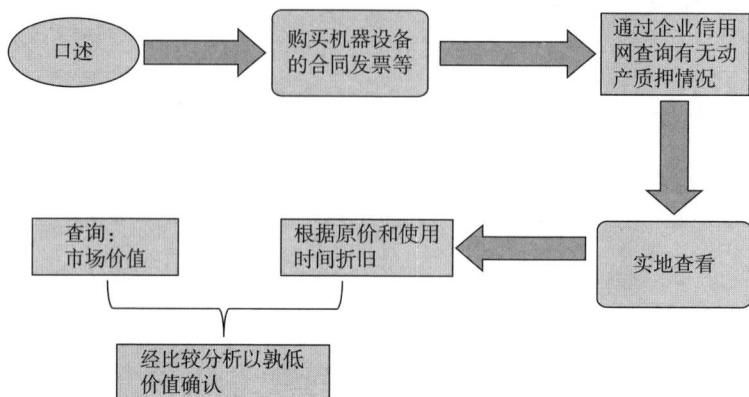

图9-21　对机器设备的调查

第二步：查看借款人购买机器设备的相关合同协议、发票等，确定原始的购买价值。

第三步：查询机器设备有无被质押、被查封的情况。

第四步：实地查看机器设备的状态。

第五步：根据设备的原始价值、使用时间及使用年限进行折旧。

第六步：查询这些机器设备的市场价值。

第七步：将市场价值与折旧价值进行比较，以较低价值作为评估价值。

机器设备价值确定的注意事项：机器设备有破损或不能正常使用的不确认；租赁使用不属于借款人的机器设备不确认；生产工艺落后属于淘汰的机器设备不确认；具有特定用途、法律法规限制转让的机器设备不确认。

（三）负债的调查

1. 应付账款的调查方式

（1）借款人口述或记录。

（2）向借款人的主要供货商查询。

（3）根据借款人的进货额和该行业的平均赊欠率确定。

2. 债务的确定方法

（1）借款人的记录或口述。

（2）查询借款人的银行征信信息。

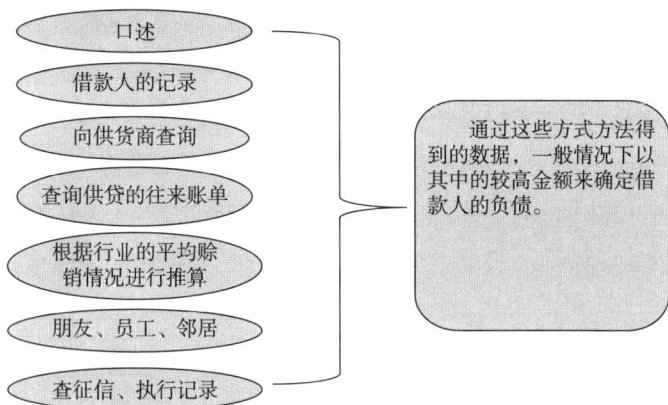

图 9 – 22　对负债的调查

（3）向借款人的朋友、员工、邻居和对其比较了解的人询问。

（四）净资产的确定

在确定了借款人流动资产、固定资产和负债总额后，用流动资产加上固定资产减去负债便得到借款人的净资产额。

三、企业资金运转信息的调查

企业资金运转信息的调查主要包括资金的流入流出情况、流入资金的主要来源、流出资金的主要去向、日常资金的结存量。

现金流在任何行业中都是评估方法关注的重要方面，持续的现金流是企业正常生产的前提。企业在生产过程中能否创造并保持充足的现金流量，将决定企业能否持续的生产，并随时根据市场情况进行调节。

评估借款人现金流量的主要方法。

（一）通过查看借款人的银行对账单来确定

我们将客户的银行对账单在特定时间段内的每笔存入或支出发生额相加，可计算其现金流量。金额越大，则表明现金流越强；同时，余额越大，表明现金流越强。平时账户上无余额，或有资金转账进入但随即被支取，有可能表明借款人现金短缺。

查看银行对账单应注意以下事项：第一，如借款人有多个银行账户的，应提供其在平时经常使用的或交易额最大的几个主要账户的对账单；第二，无论是对公账户还是私人账户，要查看与平常的经营活动相关的账户；第三，要查看银行账户是否的确是属于借款人的账户；第四，为防止借款人故意扩大现金流量，要注意分析最近时段的现金流入频率是否与经营活动一致，有无异常的大额现金流入或流出。流水总额与销售规模匹配度，资金回笼周期是否与经营情况相符；第五，注意现金流中的摘要情况，特别是当中出现的关于"贷款、还款、结息"等信息。在分析现金流时，发现以下疑点要仔细分析。

1. 银行流水本身的真假问题，为了防止银行流水作假，最好是陪同借款人一起去银行打印流水单。

2. 有异常大笔资金进出账户，根据借款人的销售特点，不可能有这么大额度的资金进出的，则要怀疑是否有借债资金，甚至是否有洗钱的行为。

3. 有规律出账情况，是否是在偿还没有查明的隐性负债。

4. 存在与某个人或单位频繁进出账，是否存在故意转账、制造虚假现金的行为。

（二）通过分析与原料供货商和其客户的往来账单

在借款人与供货商的对账单中，发现借款人支付货款很及时，没有拖欠货款的现象，表明借款人现金流充足，支付能力强；如经常有拖欠货款的现象，则表明借款人现金流弱，支付能力不强。在借款人与其客户的对账单中，如发现货款回收快，应收账款少，则表明现金流强；如货款回收慢，收款期长，应收账款大，则有可能表明其现金流较弱。

第六节　对有正规财务记录借款人财务信息的调查

上一节所讲对没有正规财务记录借款人财务信息的调查，最初是没有任何信息的，是先听借款人口述，然后通过核对、计算经营中的一些资料，对各项数据进行整理汇总，再编制借款人的利润表和资产负债表。其调查流程包括收集、整理、计算或推算、汇总财务信息等环节。

而对于有正规财务记录的企业而言，各项财务是相对完备的，有财务报表、账本记录、各种财务凭证等。信贷调查人员所做的工作是对这些财务信息的真实性进行核实确认。其调查流程包括提取财务数据、查账本记录、查资料凭证的过程。其具体流程如下。

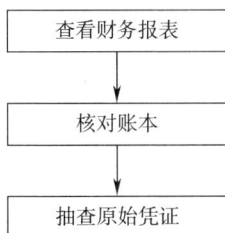

图 9 - 23　对有正规财务记录借款人财务信息调查流程

一、利润表信息的核查

(一) 销售收入的核查

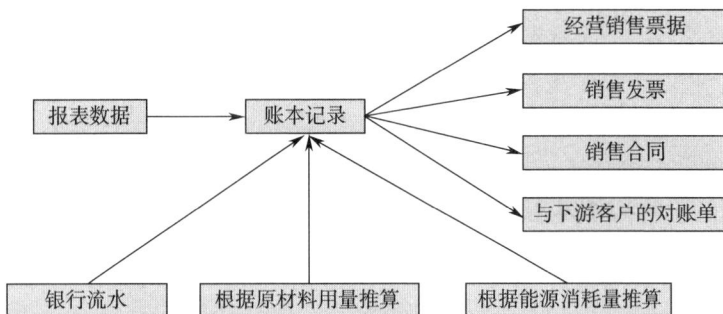

图 9 - 24　对销售收入的核查

第一步：先将报表数据与账本记录核对，看是否一致。

第二步：对于账本记录的数据，可选择抽查下列资料，看是否记录正确：

(1) 抽查原始销售和经营单据，核对是否一致。

(2) 抽查销售发票，核对是否一致。

(3) 抽查销售合同，核对是否一致。

(4) 抽查与下游客户的对账单，核对是否一致。

第三步：为了进一步核实账本记录的收入的真实性，可选择运用下列方式进行总体推算，看是否相符。

（1）汇总销售收款银行账户的存入额，看是否与销售收入总体相符。

（2）根据原材料的用量，推算出产品产量或销售量，从而推算出销售收入（原理与第五节所讲相同）。

（3）根据能源的消耗量，推算出产品产量或销售量，从而推算出销售收入（原理与第五节所讲相同）。

第四步：若用第二步和第三步抽查、推算出的数据与账本记录一致，则表明销售收入的数据是真实可信的。

（二）销售成本的核查

第一步：将报表数据与账本记录数据核对，看是否一致。

第二步：根据账本数据，抽查各项成本支出的原始发票、单据，核对是否一致。

（三）费用支出的核查

第一步：将报表数据与账本记录数据核对，看是否一致。

第二步：根据账本数据，抽查各项费用支出的原始发票、单据，核对是否一致。

二、资产负债表信息的核查

（一）货币资金的核查

第一步：将报表数据与账本记录数据核对，看是否一致。

第二步：根据账本记录的各类货币资金数据，与现金、银行存款和货币性质的票据进行核对。

（二）各种应收账款项目数据的核查（包括应收票据、应收账款和其他应收款）

第一步：将报表数据与账本记录进行核对，看是否相符。

第二步：根据账本记录的数据，选择抽查下列原始凭证资料，核对账本记录是否正确。

（1）送货单据、发货单据汇总核对。

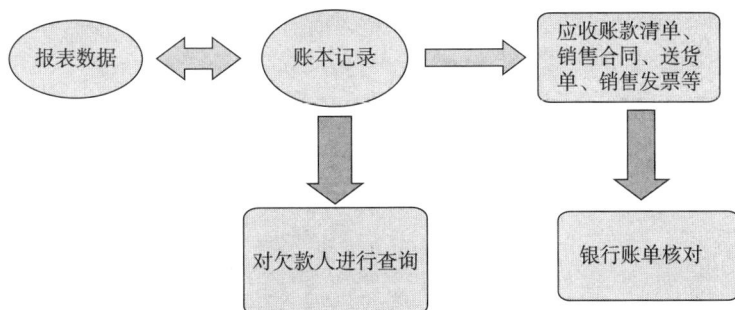

图 9 - 25　对应收账款的核查

（2）有应收票据的核对应收票据。

（3）有其他应付款核对其他应付支付的原始凭证。

第三步：将第二步核查的数据与销售收款的银行账户核对，看是否已经收款。

第四步：将账本记录的应收款数据，抽查金额较大的项目，对欠款人进行访问，核对是否一致。

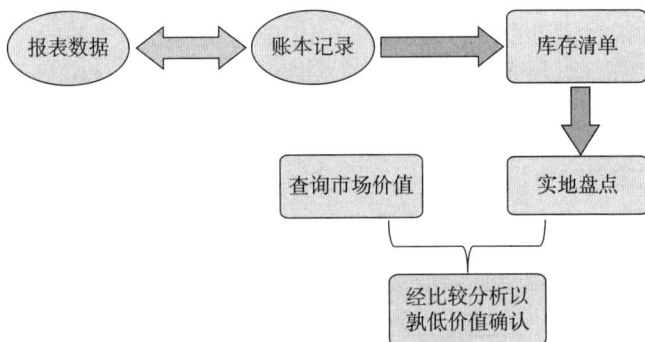

图 9 - 26　对存货的核查

（三）存货的核查

第一步：将报表数据与账本记录进行核对，看是否相符。

第二步：将账本记录与每种存货的库存清单进行核对，看是否相符。

第三步：根据库存清单，抽查盘点存货，看是否相符。

第四步：对存货的市场价值进行查询。

第五步：将存货的账本记录的价值与市场价值进行比较，以较低者的作为评估价值。

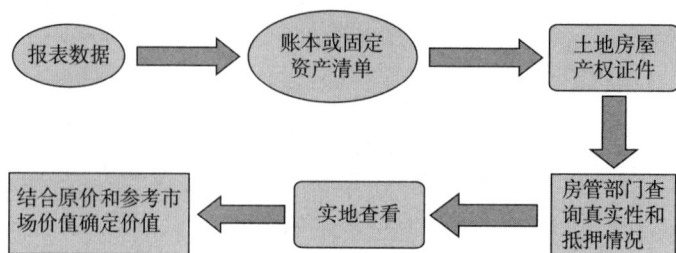

图 9 - 27　对房屋土地的核查

（四）土地房产价值的核查

第一步：将报表数据与账本或固定资产清单的数据进行核对，看是否相符。

第二步：根据账本或固定资产清单记录的土地房屋，查看土地房屋的下列证明资料。

（1）查看土地出让的相关证明。

（2）如果房屋是自建，则查看购买主要建筑材料和劳务的合同协议。

（3）如果是承包建造的，则通过查看房屋建筑承包的相关合同协议、工程决算报告等确定。

（4）如果是自行购买的房屋，则通过查看购买合同和相关协议等确定。

第三步：到土地管理部门和房屋管理部门或在相关网站，查询房屋产权的真实性、有无被抵押、查封等情形。

第四步：现场实地查看土地房屋的状态，评估其价值、变现能力等。

第五步：了解当地市场行情，评估土地房屋的市场价值。

（五）机器设备价值的核查

第一步：将报表数据与账本或固定资产清单进行核对，看是否相符。

第二步：查看借款人购买机器设备的相关合同协议、发票等，确定原始的购买价值。

第三步：查询机器设备有无被质押、被查封的情况。

第四步：实地查看机器设备的状态。

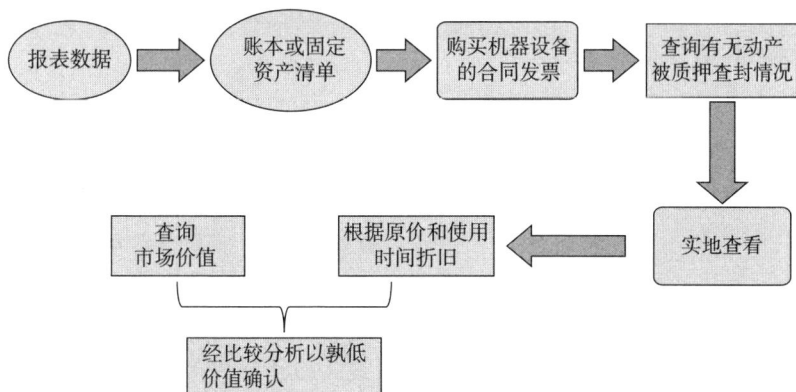

图 9 - 28　对机器设备的核查

第五步：查询这些机器设备的市场价值。

第六步：将市场价值与账本记录的价值比较，以较低价值作为评估价值。

（六）负债的核查

对借款企业而言，申请贷款时申报的债务往往不会夸大，所以可以直接采用报表数据，但为了防止隐藏负债，调查人员要通过其他方式来挖掘负债信息，检查是否少计负债。

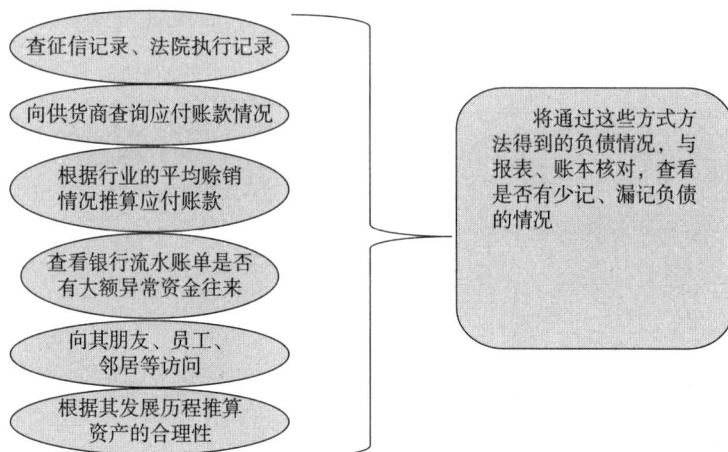

图 9 - 29　对负债的核查

1. 查询借款人及企业的征信报告，核对其债务信息，同时在相关网站查询有无其他负债信息。

2. 向主要供货商查询其应付账款情况。

3. 根据平均进货金额、赊购率、平均赊购账期，推算应付金额，核对与账本记录是否相符。

4. 查看银行流水账单是否有大额异常资金往来，查看银行账单的摘要栏是否有借款、还款等记录。

5. 向其熟悉的朋友、员工、邻居等询问其是否有经常举债的行为。

6. 根据其发展历程推算资产的合理性。如根据其发展历程计算，借款人累计的资产小于现在的实际资产，则有隐性负债的可能性。

三、资金运转情况的调查

小额贷款的借款企业很少制作"现金流量表"，即使有，参考意义也不大，所以主要以借款企业的银行账单为评估依据。对银行账单的调查评估参考本章第五节所述，这里不再阐述。

第七节　案例分析

案例一

借款人经营一家服装加工厂，主要为一些服装品牌做代加工业务。业务模式为：由客户设计衣服的款式，将设计好的衣服款式及订单量发给借款人，支付约20%的订金后，借款人按设计要求采购各种原料，组织工人生产，生产完成后再给客户，客户在验收合格后支付剩余款项。

借款人经营服装加工厂已3年，最开始投入约40万元，现有约120台缝纫机，当初缝纫机的购买价格是2200元一台，厂房是租的，由于是订单式生产，平时基本没有存货，现在有应收账款125万元，近三年每年的加工费收入在300万元左右。

借款人企业由夫妻管理，没有正规的账务记录。请验证借款人近一年的加工费收入、应收账款实际金额和缝纫机现在的价值。

1. 加工费收入的验证

该企业的加工费可通过以下几种方式进行验证。一是根据客户给他的订单和加工合同计算加工费，在订单和加工合同里会明确加工的数量、加工价格和加工费的总额；二是根据送货单来计算加工费，借款人生产好后会将货送到客户手中，根据送货的数量和加工价格计算出加工费；三是根据客户给借款人的转账金额计算，加工客户一般会将加工费通过银行账户转给借款人，根据近一年加工客户总的转账金额来确定加工费收入；四是如果每次加工费都开发票，可通过计算借款人近一年所开的发票总金额来确定加工费收入；五是如果借款人是按加工费收入的固定比例来给其工人计算工资的，可计算近一年的工资金额来倒推其加工费收入，例如，借款人是按加工费收入的60%计算工人工资，通过计算其近一年所发工资的工资单总额是160万元，则他一年的加工费收入是160万元÷60%≈267万元。

以上这五种方式，根据在评估现场的情况，选择一种或两种进行验证。

2. 应收账款金额的验证

第一步：听借款人口述应收账款金额。

第二步：借款人每次加工完成后，将产品交给其客户，肯定会有送货单据，单据上也会标明数量、批次等相关信息，那么通过查看这些没有收到款的送货单，根据单据载明的信息计算加工费总金额。

第三步：将上一步得到的每批次应收账款的对方客户、订单号、总金额等信息与收款银行账户核对，确认这些款项是否已收取，如款项已收到，则应减除已收到的金额。

第四步：向主要欠款人查询，证实这些应收账款是否存在，经走访查询欠款人否认的不予确认。

通过上述步骤，如果借款人有送货凭证，银行账户也没有收到款，并且得到欠款人确认，就可确认借款人确实有125万元的应收账款了。

3. 缝纫机现价的确认

第一步：借款人口述所拥有的机器设备的数量及价值。

第二步：查看借款人购买缝纫机的相关合同协议、发票等，确定缝纫机原始的购买价值。

第三步：查询缝纫机有无被质押、被查封的情况（借款人如果注册的是公司，一般在工商总局"国家企业信用信息公司系统"可查询）。

第四步：实地查看缝纫机的状态。

第五步：根据缝纫机的原始价值和使用时间及使用年限进行折旧。

第六步：查询这些缝纫机的市场价值。

第七步：将市场价值与折旧价值比较，以较低价值作为评估价值。例如：这120台缝纫机，当初购入单价是2200元一台，总价值是264000元，经实地查看，有11台缝纫机已完全损坏不能使用，没有任何价值，剩余的109台当初的总价值是239800元，缝纫机平均使用年限是10年，已用3年，则折旧后的价值是239800×（10－3）÷10＝167860（元），现在每台的价值是167860÷109＝1540（元），这时查看像这种情况的缝纫机在市场上能卖多少一台，如果现在能卖1600元一台，总价值是1600×109＝174400（元），比折旧后的价值高，但这时只能按167860元的价值进行确认；如果现在像这样的缝纫机在市场上的卖价是1400元一台，则总价值是152600元，这时确认的价值就是市场价152600元。

案例二

王先生从1988年开始从事蔬菜配送业务，成立了一家蔬菜配送公司，公司股东为夫妻二人，主要给一些大学和航空公司配送蔬菜。该企业有正规的财务记录。

报表显示：企业现年销售额约1.5亿元，现有存货约3500万元，主要是冻肉、辣椒、花椒、大蒜等，应收账款约5500万元（应收账款一般是月结，每月初与每客户核对上月的送货情况，核对无误后会在第二月中旬左右付款），价值约4500万元的房产。

请对企业的销售额进行核实，对存货价值、应收账款金额、房产价值进行确认。

1. 对销售额的核实

对销售额的核实包括以下几种方法。

直接查账法：先将报表金额与销售总账进行核对，查看是否一致，再将销售总账与销售明细账进行核对，查看是否一致，再根据销售明细账抽查是否有对方签收的送货单据（像这种有较大业务量的企业，送货量特别大，不可能完全对其送货单据进行汇总，只能抽查），看销售单据与明细账是否一致，如果都是一致的，则报表数据应是可信的。

银行账单验证法：将收款银行流水单的收款金额进行统计汇总，核对收款金额与报表的销售收入是否一致，如果是一致的，则报表数据是可信的。

销售发票验证法：你会发现，企业的客户都是大型的正规单位，一般都是要求有发票的，企业必须要给这些客户开税务发票，评估人员可根据汇总的所开发票金额，与报表数据进行核对，如果一致，则报表数据是可信的。

2. 存货价值的确认

第一步：将报表数据与存货总账进行核对，看是否相符。

第二步：将存货总账与每种存货的库存清单进行核对，看是否相符。

第三步：根据库存清单，实地到仓库抽查盘点存货，看是否相符；这个企业的存货中，冻肉是放冻库里的，因此要到冻库去盘点，但冻货数量多，也不可能完全进行盘点，那么就可选取主要的品种进行抽查。例如：冻肉中有鸡肉、鸭肉、牛肉、羊肉等各若干件，每件多少公斤，其中牛肉库存最多，则可抽查牛肉的数量，在冻库里对牛肉件数进行清点，再计算出多少公斤，每公斤多少进货价格，计算出总价，与存货明细清单核对是否一致，如一致则库存清单是可信的。同样，对于辣椒、花椒这样的货物，一般是存放在常温仓库的，并且是一袋一袋装好了的，可先清点出有多少袋，再计算出重量和总价与库存明细清单进行核对。

第四步：对存货的市场价值进行查询，查询这些存货现在的市场价格。

第五步：将存货账本记录的价值与市场价值进行比较，以较低者作为评估价值进行确认。例如：企业的牛肉进货价是 25 元每公斤，如果现在市场价是 23 元每公斤，则按 23 元每公斤确认牛肉的评估价值，而不是 25元；如果现在市场价是 26 元每公斤，则还是按 25 元每公斤确认评估价值。

3. 应收账款金额的确认

第一步：将报表数据与应收账款总账、明细账记录进行核对，看是否相符。

第二步：根据应收账款明细账记录的数据，选择抽查下列原始凭证资料，核对账本记录是否正确：将某一个或几个客户的送货单据、发货单据汇总，与这些客户的明细账核对，查看是否一致。

第三步：将第二步核查的数据与销售收款的银行账户核对，看是否已经收款，如未收款，如果单据汇总金额与账务记录是一致的，则账务记录是可信的。

第四步：将账本记录的应收账款数据，抽查金额较大的项目，对欠款人进行访问，核对是否一致，如果是一致的，则报表数据可信。

4. 房产价值的确认

第一步：将报表数据与账本或固定资产清单中的房产价值数据进行核对，看是否相符。

第二步：根据账本或固定资产清单记录的土地房屋，查看土地房屋的下列证明资料：

（1）查看土地房屋的相关证明，如土地使用权证、房屋产权证或不动产登记证。

（2）如房屋是自建，则查看购买主要建筑材料和劳务的合同协议。

（3）如是承包建造的，则查看房屋建筑承包的相关合同协议、工程决算报告等确定。

（4）如果是购买的房屋则查看购买合同、协议等确定。

第三步：到土地管理部门和房屋管理部门或在相关网站查询房屋产权的真实性、有无被抵押、被查封等情形。

第四步：现场实地查看土地房屋的状态，评估其价值、变现能力等。

第五步：了解当地市场行情，评估土地房屋的市场价值，如果市场价值高于4500万元，则按4500万元的价值确认评估价，如市场价格低于4500万元，则按市场实际价格确认评估的价格。

第八节　评估资料的收集

一、资料收集的原则

很多小额贷款客户没有正规的账务记录，经营过程中的一些资料保存得也不完善，就不可能像大中型企业那样提供各种齐全的资料和报表，因此，我们在要求小额贷款客户提供资料时，应根据客户的经营特点和实际情况来要求客户提供哪些资料。收集资料时，要注意以下原则。

（一）真实性

从借款人处收集的资料必须是真实的。对客户提供的各种证件应核对原件的真实性，然后再复印；提供的其他资料应注意鉴别其真假，有无捏造的情况。

（二）全面性

收集的资料要全面反映客户的信息，包括反映客户基本信息的资料、经营证件和经营许可证、反映经营能力和资产实力的资料、抵押担保资料等。但收集的资料也不要太繁杂，对反映客户信息无关联的资料不必收集。

（三）逻辑性

收集的资料是要与贷款评估有关的，能反映客户核心信息的资料，贷款的评估数据要根据这些资料来分析和填写；我们的评估报告里所采用的数据和评估结果要有这些材料支撑和证明。与贷款评估无关或不能证明其经营信息的资料不必收集。

（四）灵活性

小额贷款客户很多资料不健全，某方面资料可能不齐全而不能提供，我们或可通过收集与此有关的其他材料来补充信息，或可通过其他渠道如走访、现场查看来证实。

二、资料收集的内容

（一）证明借款人基本身份信息的资料

1. 身份证明证件。要求提供借款人及配偶、共同债务人、股东，以及其他相关人员的身份证明文件，包括但不限于身份证、护照等。

2. 户籍证明证件。借款人及家人，以及其他相关人员的户籍证明证件，如户口簿、公安机关出具的户籍证明等。

3. 婚姻证明证件。如结婚证、离婚证、未婚证等。

（二）证明项目存在和经营时间的资料

1. 营业执照。这是借款人进行经营活动所必需的证件之一。

2. 税务登记证。借款人进行经营活动必须依法纳税，一般情况下，借款人都持有此证件。

3. 组织机构代码证。由技术监督局发放，一般情况下，注册为公司的都有此证件；注册为个体户的一般没有此证件。

4. 公司章程或合伙协议。经营项目如果是合伙的，注册为公司的应有公司章程，注册为个体或其他形式的应有合伙协议，这是了解经营项目股权结构的重要资料。

5. 经营场地的产权证件或租赁协议，或租赁合同。如果经营场地是借款人自有的，则需提供经营场地的产权证明文件，如产权证、购买协议、购买合同、购买发票等；如果是租赁的，则需提供租赁协议、租赁合同等。

（三）经营许可资料和证明经营资质和能力的资料

1. 经营许可资料。对于一些特殊行业，需经过政府主管部门审批同意才能开展经营活动。如经营餐饮的需要卫生主管部门的卫生许可证、经营宾馆的需要特种行业经营许可证和消防许可证、生产危险品需要危险生产许可证等。对无须许可的行业则没有此类证件。

2. 资质证明资料。资质证明指借款人进行的该项活动所具备的等级证明。如宾馆的星级证书，工程承包方的施工等级证书，生产企业在技术、管理等方面的能力证书等。

（四）证明其经营规模的资料

收集证明经营规模资料时可收集以下资料但不限于这些资料

1. 原始销售收入、营业收入记录。客户在日常经营中，对每次或每天的销售额、营业额有详细记录的，可收集近几个月的销售收入、营业收入记录。但由于这是客户自己记录的，要注意有无捏造的行为，注意记录的连续性、笔迹的新旧等。

2. 原始的营业单据。如进货单、销货单、送货单、收银单，餐饮业中的点菜单、建材销售中的订单、生产企业客户的订单等。这类单据较多，不能全都收集时，可有选择性地收集（如每样收集 1～2 张），同时将所有单据按月加总，记录在带回的单据上。

3. 代理协议。如果客户是代理销售某一品牌产品，代理授权书或代理协议规定有销售任务的，能证明其销售量的可收集此类资料。

4. 往来账单。如果借款人与其供应商或主要客户定期（如按月、按季、按年）有货物和资金往来对账单的，可收集往来对账单。

5. 销售税票。如果客户的进货都有（或大部分有）进货税票，或销售都有（或大部分有）销售税票的，或是按销售额纳税的，可收集一段时间的销售税票或纳税申报资料。

6. 水电气等发票。如果客户的营业额或生产量与水、电、气等有很强的关联性，并通过水、电、气的用量能测算营业额或生产量时也可收集水电气等发票。

7. 客户订单、销售合同。如果借款人有其客户的订单或销售合同，可收集其客户的订单或销售合同。

8. 工资表、生产指令单或生产流程单等记录。如果借款人是给员工发计件工资，可通过发放工资情况测算生产量的，可收集工资发放表；在生产过程中，有生产指令单或生产流程单等生产记录的，可收集生产流程单等记录。

9. 其他能证明生产、销售经营规模的资料。对于以上列举的证明经营规模的资料，在实际操作过程中，不可能全部收集，只收集最能准确反映其经营规模的资料，或客户能提供完整的其他资料。

（五）证明其资产实力的资料

1. 房产、土地的产权证件，包括客户企业或家庭的房产。如没有办理相关的产权证件，可提供购买协议、发票、收据等资料。

2. 机器设备、运输工具的购买协议、合同、发票、收据等。

3. 产品、半成品、原料等存货的盘点清单。

4. 应收账款证明。如已供货，则应收账款证明包括客户签字确认但未付款的送货单；客户出具的欠款条；收到的商业汇票和承兑汇票。

5. 对外投资证明。如果借款人有对外投资资产的，可提供股权证书、投资合同书或投资协议书等。

6. 其他能证明借款人资产实力的资料。

对于证明资产实力的资料，在确保真实的基础上，借款人能提供的，尽量多收集，以全面反映借款人资产的真实情况。

（六）证明其现金流的资料

1. 银行对账单。收集借款人经常使用的银行账户的对账单，时间期限一般是最近一年，至少是最近半年。

2. 与主要供货商或主要客户的资金对账单，时间期限至少为最近半年。

（七）如是担保，提供担保人身份证明、收入证明和资产证明

1. 身份证明。跟借款人的相同，如身份证、户口簿、婚姻证明等。

2. 收入证明。如果担保人是固定工资收入者，则提供盖有单位公章的收入证明；如果担保人是自营收入的，则提供经营证明和收入证明，如营业执照、银行账单等。

3. 资产证明。如各种产权证件、购买发票等。

（八）如是抵押，提供作为抵押物的产权证件

1. 抵押人身份证件。如身份证、户口簿、婚姻证明等。

2. 抵押人同意抵押文件。财产所有人，包括共有人签字同意抵押的声明或承诺书等书面文件。

3. 抵押物产权证件。如各种产权证件、购买发票等。

第十章　信用贷款风险分析

贷款信息调查完成后，要对贷款信息进行分析整理，得到最接近真实情况的信息（关于贷款信息的分析请参阅笔者编著的《小额贷款评估技术与风险控制》）。然后再根据这些信息来分析贷款有可能存在的风险。

本章主要分析在信用贷款方式下，贷款会面临哪些风险，以及可采取的风险控制措施。

第一节　非财务风险分析

一、借款人本人方面的风险

（一）借款人经验及能力不足的风险

1. 借款人无行业从业经验或从业时间短，管理能力较差。

2. 借款人受教育程度低或能力较弱。

3. 借款人频繁更换所从事的行业，且成功率很低。

4. 借款人经营项目时间不长。

由于借款人行业经验和能力不足，往往会导致其经营项目的失败，从而影响其正常还款。

对于经验和能力不足的借款人，一是要求其从事本项目经营的时间必须至少达到六个月，保证经营正常稳定后才给予贷款；二是看借款人有无其他收入来源，如有则在其他收入来源的基础上确定贷款额度；三是要求提供可靠的担保人。

（二）借款人婚姻及家庭不稳定的风险

1. 借款人家庭不和、离异或有多次婚姻史。

2. 与父母、大部分兄弟姐妹及亲戚等关系恶劣。

婚姻、家庭不稳定的借款人往往会隐藏很大的风险。对于婚姻、家庭关系处理不好的人往往也经营不好事业，要么品德有缺陷，要么没有将主要精力用在经营事业上。对于夫妻双方共同作为借款人的贷款，一旦离异，很多时候双方都会极力逃避债务，这样也会对贷款的回收造成很大麻烦。

对于婚姻、家庭不稳定的借款人一定要判断所有可能的结果，如果夫妻双方离异的可能性很大，最好暂时不给予贷款；否则，也要考虑在有担保的情况下才给予放款，同时一定要夫妻双方都作为借款人在"借款合同"上签字。

（三）借款人居住不稳定的风险

这种风险主要存在于借款人非本地常住人口，在本地无固定居住地或无住房的情况。

由于借款人居住不稳定，流动性很大，在贷款后如果借款人离开当地，则会对贷款的回收造成很大麻烦。

如果向居住不稳定的借款人发放贷款，则要求提供本地居住稳定、有实力的人担保，或是本地居住稳定、对借款人有控制力的担保。如果借款人在本地的经营项目很稳定，投资额很大，不易轻易转让的，居住的稳定性则没有那么重要。

（四）借款人品质及道德风险

1. 借款人品行较差，有欺诈或欺骗行为。

2. 借款人有不良嗜好，如好赌、涉毒、涉黄等。

借款人的品质及道德风险是贷款风险中最严重的风险之一。对于品质及道德良好的借款人，即使在其还款能力不足的情况下，虽有可能会拖欠，但他会很配合，积极想办法还款。但如遇到品质及道德很差的人，他会想方设法拒还贷款。所以只要确定借款人是品质、道德很差的人则不应给予其贷款。

（五）借款人及家人的健康风险

1. 借款人身体不健康或有严重疾病。

2. 借款人家人有重大疾病。

如果借款人及家人有重大疾病等健康问题，借款人往往会花费巨资用在治疗上，从而会影响到还款能力，如果借款人死亡，则债务往往也会得不到落实，从而使贷款落空。

对于借款人本人有重大疾病等健康问题的，最好不给予贷款；如果是其家人有重大疾病等健康问题的，可考虑增加担保。

（六）借款人信用风险

1. 借款人有不良信用记录，以前贷款有拖欠或已有逾期的拖欠贷款。

2. 借款人拖欠供货商的货款。

3. 借款人拖欠应纳税款、电费、水费等费用。

4. 借款人拖欠其员工的工资。

对于有上述不良信用行为的借款人，如果是恶意的，则应拒绝为其提供贷款。

如果借款人虽有上述拖欠，但是非恶意行为，且时间都不长，只是其信用观念淡薄，没有关注信用记录的重要性，同时借款人是有还款能力的，在这种情况下，可与借款人就信用意识进行交流和沟通，提高借款人的信用意识，增强其信用观念，让他认识到信用记录的重要性。如果借款人接受，则可先向其提供小金额的贷款，并要求提供担保。如果以后还款记录良好，可逐步增加贷款金额。

（七）借款人工作、收入不稳定

借款人工作不稳定，或所工作的单位不能及时发放工资，则借款人不能获得稳定的收入。针对这种情况，评估借款人每月最低收入是多少，除去生活开支后有无结余，如有结余，在结余收入的范围内确定贷款额度，或者要求有稳定收入的担保人；如收入极不稳定，甚至不能满足生存之需，则不能提供贷款。

二、借款人经营项目方面的风险

（一）经营资质风险

经营资质风险即作为借款人的企业不具备相应的法定经营条件和经营许可。主要表现为：

1. 借款人经营项目需特种许可的，没有特许经营证明，如无安全生产许可证、环保证、消防证明等。

2. 污染严重，消防安全不达标、安全生产隐患严重等其他情况。

前一种情况是没有得到政府主管部门的许可，属于无证经营，在这种情况下，借款人企业有可能随时被政府部门责令关闭；后一种情况虽有可能有相关许可证件，但实质的经营活动不能达到相关法律法规的要求，也有可能被关闭或停业整顿。所以对上述情况的借款人最好不要给予贷款。

（二）股权风险

1. 在合伙企业中股份占比少，借款人在企业中不占主导地位。

2. 虚假股权风险，在企业中，借款人本来没有股权，但为了能贷款，制造虚假的公司章程和合伙协议。

对于前一种情况，由于借款人没有决策权，对收入和资产的分配不能自己做主，这对于债务的偿还造成很大的限制，同时也意味着借款人只有较少的收入，还款能力有限，因此，放款金额不能超过其收入水平，同时，要求具有决策权的合伙人作为担保人或共同债务人。

为了防范第二种情况，一是要对提供的公司章程或合伙协议进行真实性调查；二是要对企业的员工进行走访，核实合伙行为是否真实。同时要求其他合伙人提供担保。

（三）借款人对其企业管理不足风险

1. 管理制度缺失，缺少相应的管理制度。

2. 财务管理混乱。

3. 生产、经营场地脏、乱、差。

4. 工人生产积极性不高，士气低落。

5. 安全、消防存在重大隐患。

6. 生产现场管理不到位，存在窝工、偷工现象。

7. 仓库管理混乱，存货乱堆乱放，存在丢料、盗料现象。

8. 其他管理不足的情况。

由于借款人对企业的管理不足，企业资产就可能受到损害，企业的收入就会明显下降，如果情况严重，会危及企业的生存，甚至会倒闭，最终会影响到偿还贷款，从而使贷款面临风险。

贷款机构的评估人员发现有管理不足的现象后，要与借款人勾通，让其尽快纠正；如果情况严重，足以影响还款能力时，要求借款人采取整改措施，有明显效果后才考虑给予贷款。

（四）经营风险

1. 借款人使用或经营的原料或产品质量低劣。

2. 进货成本费用很高，进货中间环节多。

3. 借款人生产技术条件满后，机器设备老化、陈旧，生产工艺差。

4. 安全生产条件差，消防安全隐患严重，未达到国家规定安全要求，事故风险高。

5. 销售渠道单一，过分依赖少数客户。

6. 应收账款收款期长、收款困难。

7. 产品技术含量低，无竞争力。

8. 其他的经营风险状况。

由于存在上述经营风险，当某一情况严重后，可能会使借款人的企业处于不稳定的经营状态。

贷款机构的评估人员发现有上述经营风险后，要与借款人沟通，让其尽快扭转这种不利的局面。如果借款人企业虽然有某些方面的经营风险，但并不严重，或短时间内无法改变，预计将来一段时间内也不会形成大问题，不会损害其还款能力，可考虑提供贷款，视情况可要求提供抵押或担保。如果情况严重，足以影响还款能力时，要求借款人企业消除或减轻这种风险后，才考虑给予贷款。

（五）借款人还款能力不足的风险

1. 经营项目投资较小或固定资产少，很容易转移或出让。

2. 经营项目利润少，收入不足。

3. 调整后的资产负债比率过高。

4. 流动比率和速动比率过低（一般情况下，流动比率为2、速动比率为1较合适）。

5. 现金流入量相比每期的还款额较低。

当借款人出现贷款申请额与其还款能力不足时，应降低贷款额度，在借款人的还款能力内发放贷款；也可要求提供抵押或保证担保。

（六）重视贷款用途风险

在评估贷款时，一定要对借款人的借款用途进行认真分析，因为有时在贷款用途上本身就存在风险。

1. 贷款用途不明确。对于贷款的用途借款人不能明确说明，或回答遮遮掩掩，或告知的用途与实际情况不相符，如借款人声称将贷款用于进货，但借款人的存货已很多，没有再进货的必要，则可能借款人在说谎；又如借款人声称将贷款用于正在进行的新项目，但现场查看后发现并没有新项目的存在。

对于借款用途不明的，借款人很可能是为了掩盖真实的用途，对评估人员隐瞒了真实用途情况，还有可能隐瞒了其他信息，这样风险很大，应拒绝发放贷款。在借款人明确告诉真实用途并经核实后，酌情考虑是否发放贷款，仍存有疑虑的可要求提供担保。

2. 用于高风险的投资。将贷款用于借款人比较陌生、没有经验的项目，用于高风险行业项目，用于不确定因素很多的项目投资上，且投资额度大，占借款人资产比重大，一旦失败，将会使借款人蒙受重大损失，会丧失还款能力。在这样的情况下，可要求借款人提供担保、抵押或质押；如借款人无其他负债，可在假设其遭受投资失败后的还款能力基础上发放相应额度的贷款。

3. 用于没有资金保证的项目。指对于投资一个新项目，借款人没有自有资金，一开始就借款投资，对于后续的资金投入没有明确的来源，或规划存在不足，这样的投资会造成资金断链，最终投资失败。对这种情况，一定要求借款人应有相当比例的自有资金，贷款只能是投资的一部分。如无法落实自筹资金，应拒绝发放贷款。如无其他负债，在现有经营项目运转良好的情况下，可发放抵押担保贷款。

4. 用于效益差的项目。对借款人将资金投入预计未来效益不好的项目，因还款能力会受影响，可要求借款人提供保证、抵押、质押担保。

5. 用于弥补持续性经营亏损。借款人经营项目持续严重亏损，到申请贷款时连最少的流动资金都没有，完全靠贷款维持运转，且预计后续的一段时间内都不会有盈利，这样的贷款应不予以发放。

6. 在已有很高债务的情况下，借新债还旧债。借款人目前已有很高的债务，但靠正常的经营无力偿还，只能靠贷款来归还已到期的债务，这说明借款人已过度负债，已无还款能力，应拒绝再对其发放贷款。

7. 用于非正常经营活动的支出。借款人将贷款不是用于现有的经营项目，也不是用于投资，而是用于其他方面。如借给别人、用于自己的豪华消费等，对于将贷款用于非正常经营活动的，要分析贷款额度是否在其还款能力内，是否在其资产承受能力内，如后续无其他大额开支的情况，可在还款能力和资产承受能力内掌握好贷款额度并对其发放。如用于给自己治疗重大疾病的，由于一旦借款人病故债务可能会落空，应不对其发放贷款，如有足值的抵押或质押，且遗产继承人承诺还款的情况下，可在抵押物、质押物价值内发放贷款。

8. 用于非法经营活动。将贷款用于违法经营、赌博、贩毒、行贿等违法活动的应坚决不对其发放贷款。

（七）搞虚假项目骗资金，投机风险

1. 借款人有正规的经营场地，或建有一定规模的厂房，但只有很少的经营生产活动，借款人却以此为项目依据，向有关部门申请补助，或向多家金融机构申请大额贷款。此种现象有可能是借款人在套取现金，或存在欺诈意图。

2. 由于现在国家对于种植业、养殖业的补助很高，有些人认为这是个机会，于是花资金建立种植基地或养殖基地，却很少从事种植或养殖，以此向政府申请补助，等补助资金到手后，便会停止种植、养殖活动。

3. 现在由于城市发展很快，土地被占用后拆迁补偿很高，有些人会到城郊结合部寻找认为会很快被拆迁的地方修建房屋、厂房、发展种植业或养殖业，待到被拆迁后获得高额补偿。

以上列举的这些情况都是借款人为了获得补助或补偿临时成立的项目，目的达到后会终止项目。这种经营项目是不稳定的，风险很大，如果调查评估确认属于上述行为的，最好不要给予贷款，因为既然是骗补助款和补偿款，也会骗贷款。

（八）借款人转移资产的风险

1. 所有或大部分资产不在自己名下，而是转移在别人名下。

2. 夫妻之间办理假离婚，将财产转移登记在其中的一方，以另一方的名义来申请贷款。

对借款人蓄意转移资产的行为，其目的很可能就是逃避债务，所以面对这种情况时，最好不要给予贷款，或要求其办理足值的抵押、质押贷款。

（九）借款人还款能力突然下降或丧失还款能力

1. 借款人突然遭遇资产的重大损失，如遇洪水、泥石流、雷电、火灾、被盗被抢等。

2. 借款人遭受严重疾病不能自理或死亡，丧失了还款能力。

为了防止借款人突然遭遇资产的重大损失风险，可要求借款人对其资产购买财产保险，并明确规定，在贷款期限内，保险的第一受益人是贷款机构。

为防止借款人遭受严重疾病不能自理或死亡的风险，在发放贷款时，可要求其财产继承人或有可能对其财产进行实际控制的人作为共同债务人签字。

（十）借款人经营策略风险

该风险主要表现为：为了挤垮竞争对手，恶意降价销售，甚至以低于成本价销售，这样就会只有很少利润或亏损，有时没有把对手挤垮，反而自己遭受巨大损失，甚至倒闭。在竞争的过程中申请贷款，就可能是弥补资金缺口。

对于这种情况要慎重，可暂时不考虑给予贷款，或办理抵押担保贷款。

（十一）借款人发展理念风险

1. 借款人超过自身资产实力，盲目扩大规模和投资。

2. 借款人对自己不熟悉和没有经验的行业进行大额投资，开展多项目经营。

前一种情况由于借款人超过自身的资产实力进行盲目投资，很可能造成资金链断裂，这时，借款人要么停止投资，从而使以前的投资发生损失；要么通过融资来维持继续投资，从而背上沉重的债务负担。在这种情况下，对借款人提供贷款要谨慎，最好不要给予贷款，或降低贷款金额，同时要求提供担保。

后一种情况由于借款人对自己没有经营经验的行业投资，造成经营失败的可能性很大，增加经营的不稳定性。对这类借款人提供的贷款金额不宜过大，或同时要求提供担保。

（十二）借款人在贷款后恶意举债的风险

贷款机构在给借款人放款后，借款人仍继续向其他金融机构和个人融资的，如果债务继续增大，超过其还款能力，造成过度负债，则对贷款构成很大风险。对于这种情况可从以下方面进行把控。

1. 在放款前，对借款人的融资行为进行分析。如果在申请贷款之前或正在申请贷款时，借款人同时向多家贷款机构申请贷款，或向其他机构和个人寻求融资，则表明借款人融资很盲目和急切，且资金需求很大，在本机构放款后，仍会大量举债，很容易造成过度负债。对这种情况应不对其放贷，即使要放也要在抵押或质押足值的情况下才能放款。

2. 放款时，为了防止借款人在放款后继续融资，可在借款合同里规定，也可由借款人作出单独的书面承诺，限制借款人在贷款期间再进行融资的行为，或即使需要再融资，也在金额上或融资比例上作出限制性规定，如违反则视为违约，贷款机构可提前收回贷款。

3. 放款后，要加强贷后监督管理。对发现有大量恶意举债行为的，要及时制止，如借款人不听的，可对同业的各贷款机构发出风险预警，告知各贷款机构借款人的负债情况和违约情况，让借款人不能再融到资。

第二节 数据的分析

前面讲到，如果借款人经营的项目没有正规的财务记录，在调查评估后，要编制借款人财务报表，还原借款人真实的财务状况，如果借款人有正规的财务记录和财务报表，要对其报表的数据进行核实，如有误，则需调整其财务报表。但无论是哪种情况，在得到借款人的财务数据和财务报表后，要对其进行分析。要挖掘这些数据背后的信息，从这些数据分析中发现可能存在的风险。

一、常规数据分析

（一）销售利润率

销售利润率＝当期毛利润÷当期销售收入×100%。毛利润＝销售收入－生产成本（进货成本）－其他随销售额增长而变动的成本（如业务人员的提成、物流费用等）。此指标反映每元销售收入中所实现的销售利润额，用来评价借款人商品销售收入的盈利能力。该指标越高，表明销售收入中销售成本所占的比例越低，毛利润越高。在分析时，要看客户的这一指标是否达到行业的平均水平，如果将借款人连续几年的销售利润率加以比较分析，就可以判断和掌握销售活动盈利能力的发展趋势。

（二）营业利润率

营业利润率＝当期净利润÷当期销售收入×100%。净利润＝毛利润－不随销售额变动而变动的固定费用（如管理人员工资、仓库租金、贷款利息等）。此指标表现为销售收入中净利润所占的比例，该指标越高，表明盈利能力越强。在分析时，要看客户的这一指标是否达到行业的平均水平，如果将借款人连续几年的营业利润率加以比较分析，就可以对其盈利能力的变动趋势作出评价。

（三）盈亏平衡点销售额

盈亏平衡点销售额＝不随销售额变动而变动的固定费用÷销售利润率。该指标反映的是借款人当期要实现盈利所必须达到的最低销售额，如低于这个销售额，他的毛利润就低于固定费用支出，就会亏损；只有高于这个销售额，实现的毛利润大于费用支出，才能实现盈利。将盈亏平衡点的销售额与实际的销售额进行比较，就能确定借款人的盈利情况。

此指标也可分析借款人的成本结构、盈亏平衡点、销售额的变动对利润的影响程度等。对于固定成本较高的企业，其盈亏平衡点高，经营杠杆高，意味着企业必须达到较高水平的销售收入才能保持盈利，很小的销售下滑便有可能导致较大的利润下滑。反过来说，盈亏平衡点越低，影响盈利水平的风险越小。对此指标，本书后面还会有进一步的阐述。

（四）资产回报率

资产回报率＝当期净利润÷资产总额×100％。此指标反映资产的盈利能力，该指标越高，表明盈利能力越强，收回投资的时间越短，风险越小。资产收益率也是反映借款人综合利用资产效果的指标。

（五）净资产收益率

净资产收益率＝当期净利润÷净资产×100％。净资产＝资产总额－负债总额。此指标是反映客户净资产综合利用效果的指标。净资产收益率越高，说明客户资产的利用效率越高，营运能力越强，盈利能力越强。

（六）流动比率

流动比率＝流动资产÷流动负债×100％。我们把6个月内需要偿还的债务视为短期负债，流动比率表明借款人每元流动负债有多少流动资产作为偿还的保证。该指标反映短期债务的偿还能力，一般情况下，流动比率越高，短期偿债能力超强，债权人的权益就越有保证。流动比率越高，不仅反映借款人拥有的营运资金高，可用于抵偿短期债务，而且表明借款人可以变现的资产数额大，债权人损失的风险小。从理论上讲，只要流动比率高于1，借款人便有偿还短期债务的能力。但由于有些资产是不能及时足额变现的，按照稳健原则，对此比率的要求会高一些，一般认为比率在2左右比较适宜。

（七）速动比率

速动比率＝速动资产÷流动负债×100％。速动资产＝流动资产－存货－预付账款。速动资产是指易于变现，具有即时支付能力的流动资产。由于流动资产中存货的变现能力较慢，有些存货还可能不适销，根本无法变现。所以，应将这些资产扣除。因此，速动比率比流动比率更能准确、可靠地评价借款人资产的流动性及其偿还短期债务的能力。根据经验，一般认为速动比率为1较为合适。但这个指标不是绝对的，在实际工作中，应根据借款人的行业性质及其他因素综合评价。对一些应收账款比较多或变现能力较差的借款人，其速动比率应大于1。

一般认为由于批发业有较多的应收账款，应收账款不一定都能变现，实际坏账可能比预计得要多，所以批发业的速动比率应大于1较为合适。

（八）存货周转率

存货周转率 = 销售成本 ÷ 库存存货 × 100%。存货周转率是一定时期内借款人销货成本与平均存货余额的比率，是反映借款人销售能力和存货周转速度的一个指标，也是衡量借款人生产经营环节中存货营运效率的一个综合指标。存货质量的好坏、周转得快慢，对借款人周转循环长短具有重要影响。存货周转速度不仅反映了流动资产变现能力的好坏、经营效率的高低，同时也说明借款人的营运能力和盈利能力。存货周转率越高，说明借款人存货从资金投入销售收回的时间越短。在营业利润率相同的情况下，存货周转率越高，获取的利润就越多，相反，存货周转速度慢，反映存货过多或不适应销货需要，而过多的存货将影响资金的及时回笼。

存货周转率也可用存货持有天数表示。存货持有天数 = 当期天数 ÷ 存货周转率。一般来说，存货持有天数越长，可能是借款人存货采购过多，或呆滞积压存货比较大；存货持有天数越短，说明客户销量可能越大，但也可能是生产量太小，要根据具体的情况具体分析。商品批发行业和加工制造业的存货周转天数一般是 60~100 天。商品零售行业的存货周转天数一般是 100~200 天。

（九）应收账款周转率

应收账款周转率 = 销售收入 ÷ 应收账款 × 100%。应收账款周转率是反映应收账款周转速度的指标，是一定时期内销售收入与应收账款的比率，表明一定时期内应收账款周转的次数。应收账款周转次数越多，说明借款人收回应收账款的能力越强，应收账款的变现能力和流动性越强，管理工作的效率越高，账款回收期越短。应收账款周转速度指标不仅反映了借款人营运能力的强弱，而且也反映其短期偿债能力的好坏。

应收账款周转率也可用应收账款回收天数表示。应收账款回收天数 = 当期天数 ÷ 应收账款周转率。该指标反映借款人的应收账款周转一次所需的天数，所需天数越短，说明应收账款的变现速度越快，流动性越好。制造业应收账款收回天数一般是 40～60 天。商品批发行业应收账款收回天数一般是 30～50 天。商品零售行业应收账款收回天数一般是 0～20 天。

（十）销售增长率

销售增长率 = 当期的销售额÷上年同期的销售额×100%。该指标反映借款人销售的增长情况。该指标如果大于 1，说明其业务是在发展状态，市场份额在扩大；如果小于 1，说明其业务是在萎缩，市场份额在缩小，贷款风险偏高。

（十一）净资产增长率

净资产增长率 = 当期的净资产÷上年同期的净资产×100%。该指标反映借款人净资产的增长情况。该指标如果大于 1，说明这一年借款人实现了利润增长，或借款人增加了投入资金；如果小于 1，表明这一年借款人经营出现了亏损，或抽走了该项目的资金。如将资金抽走，要分析其原因：是项目资金过多，还是借款人对该项目没有信心。

（十二）资产负债率

资产负债率 = 负债总额÷资产总额×100%。该指标反映客户总资产中负债所占的比重，对金融机构来讲客户负债比率越低越好。因为资产负债比率越低，客户的债务负担越轻，债权的保障程度越高，风险就越小；反之，负债比率越高，说明负债在总资产中的比重越大，表明借款人债务负担越重，债权人的保障程度就低，风险较大。

（十三）调整后的资产负债率

调整后的资产负债率 = （现负债总额 + 申请贷款额）÷资产总额×100%。该指标反映将贷款发放给客户后的资产负债率，该指标越低越好。我们要正确测算客户调整后的资产负债比率，借款人的负债规模应控制在合理的水平内，负债比率应掌握在一定的标准内。对于商品零售行业和批发行业，调整后的资产负债率一般不超过 60%～70%。对于加工制造业，由于在资产结构中固定资产占比大，不易立即变现，调整后的资产负债率一般不超过 50%～60%。对于服务行业，由于其大部分资产是不能变现的装饰装修，调整后的资产负债率一般不超过 50%。

由于种植行业、养殖行业、工程行业的风险较高，调整后的资产负债率一般不超过 50%。

（十四）还款能力比率

还款能力比率 = 当期应还款额 ÷（当期利润 - 家庭开支）× 100%。此指标预测贷款后，客户每期的还款总额占每期利润的比率。该比率越低，表明客户的还款能力越强。

（十五）现金收入保障系数

现金收入保障系数 =（当期的现金流入 - 当期必须支付的现金）÷ 当期应还款额。当期的现金流入是在正常经营状态下的现金收入，如现销收入和收回欠账。当期的现金支出指必须要用现金支付的采购资金和费用等。此指标反映的是客户还款的保障能力。为了维持经营的正常运转，客户的现金收入中要先支付采购成本和其他费用，然后才是归还贷款。该比率如果大于 1，表明借款人有足够的现金还款，如果小于 1，表明借款人的现金流入不能维持经营运转和还款。在正常情况下，客户还款都必须用现金归还。客户利润很高，但大部分都是欠账，没有现金收入，就无法按时归还贷款，因此，客户有足够的现金收入对还款非常重要。

通过对现金流量的分析，能够了解企业本期及以前各期现金的流入、流出和结余等情况，分析企业未来获取现金的能力；通过相关比率的计算，能够正确评价借款人当前及未来的偿债能力和支付能力；通过对其利润、现金流量的比较，能够客观评价企业当期及以前各期取得利润的质量从而作出正确的信贷决策。

二、数据间的逻辑关系

（一）销售额与存货之间的关系

一般情况下，销售额越大，企业的存货应越多，二者成正比例关系。如在分析中发现，销售额相比之前没有上升，存货却增加多了很多，则要分析其中的原因，要么存货不真实，需要进一步盘点核实，要么存货滞销，造成积压。

（二）销售额与成本之间的关系

成本是随销售的发生而产生的，销售越多，成本开支就越大，两者具有稳定的正比例关系，如商品销售价格比较稳定，没有多大变化，则报表中销售额与成本的比率和单个商品的销售额与成本的比率是接近的。

（三）销售额与现金流入之间的关系

一般情况下，销售收入与现金流入也是成正比例关系的，销售收入越大，现金流入也应越多。

（四）销售额与应收账款的关系

一般情况下，销售收入与应收账款成正比例关系，销售收入越大，应收账款也应越多。

（五）销售额与费用中能耗费用之间的关系

如果借款人是生产型企业，企业销售额越多，则生产量理应越多，相应的生产量越多，能耗也就越多，所以这两个数据也是成正比例关系的。

（六）利润表中的财务费用与资产负债表中的债务总额之间的关系

借款人负债越大，则利息支付也就越多。

（七）净资产与总资产、负债之间的关系

借款人的净资产等于总资产减去所有的负债后得到的金额。

（八）利润表中的净利润与资产负债表中权益的变化之间的关系

如果利润表和资产负债表反映的是同一时间段的经营情况和财务状况，则利润表中的净利润等于资产负债表中净资产期末与期初的差额。

掌握和了解财务数据之间的一些逻辑关系后，在得到借款人的财务报表时，运用这些逻辑关系去验证财务报表，判断报表的真实性与合理性。

三、报表中经常被粉饰的数据及分析

（一）夸大销售收入与利润

借款人为夸大自己的规模，显示自己有充足的还款能力，往往会夸大自己的销售收入和利润。所以在作调查时，一定要将销售收入数据与销售的原始单据或发票进行仔细的抽查和核对，不能仅仅只看一些统计报表，

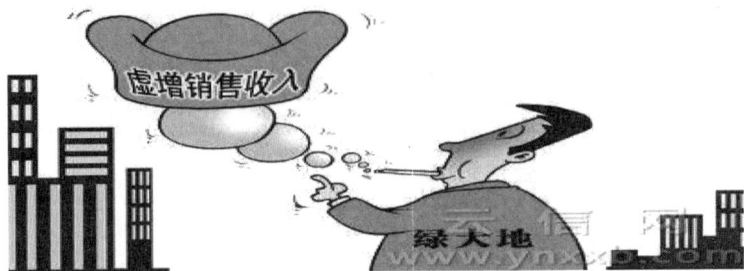

图 10 – 1　借款人没有在财务报表里反映真实的收入和利润情况

同时，通过查看与供货商或下游客户的往来对账单、供销合同、分析银行流水的存入金额等方式验证销售收入的真实性。

（二）夸大应收账款金额

应收账款

A. 有多少应收账款？

——销售单据核实

——上下游商家核对

B. 收款难度多大？

——分析以前的回收情况

——集中或分散

——回收的方式连续有规律或间断不规律

——应收账款占销售额的比重

——应收账款占总资产的比重

图 10 – 2　应收账款金额及收款难度

应收账款资产不像存货、设备等其他资产是有形的、是可以实地查看的，它是看不见、摸不着的，也是调查评估人员很难进行查证和核实的，因此是借款人经常虚增的资产项目。

对应收账款的真实性，如何去验证和核实应收账款，本书第九章有详细阐述，这里着重阐述借款人在存在较大额度的应收账款的情况下，分析应收账款回收的可能性，即回收的难度。很多时候，借款人确实有很多的应收账款，但不能顺利的回收，对贷款机构来讲，这也不能算借款人的资产，因为他的应收账款是不能用于还债的，只有能按时回收的应收账款才能用于经营周转或偿还债务，才算是有效的资产。

表 10 - 1　　　　　　　　　　某借款人的资产负债表　　　　　　　　单位：元

资产负债表			
	期末数		期末数
现金	32000	短期借款	1550000
银行存款	53880	应付账款	413600
应收账款	2011430		
存货	743687	流动负债合计	1963600
流动资产合计	2840997	长期负债合计	1000000
房屋土地	580000	负债合计	2963600
机器设备	210000		
其他固定资产		净资产	667397
固定资产合计	790000		
资产总额	3630997	负债与净资产合计	3630997

表 10 - 1 展示了某借款人的资产负债情况，从表 10 - 1 中可以看出借款人的应收账款金额很大，基本占其资产的大部分，如果他的应收账款不能按时回收，短期债务就很难偿还，他的资金很有可能会断链，从而形成风险，在现实中，经常有由于应收账款不能回收而陷入困境的企业。

那么我们从哪些方面来分析借款人应收账款回收的难度呢？

1. 查看历史回收记录，分析回收情况。一是历史的回收账期，如果回收账期较短，则应收账款质量较好，如果回收账期长，则应收账款回收难度较大；二是应收账款的损失情况，如果以前应收账款损失少，则应收账款质量好，如果损失大，则应收账款回收难度大。

2. 应收账款的集中度。如果应收账款分布在很多人手上，比较分散，回收相对容易，则风险较小；如果应收账款集中在少数人手上，比较集中，回收难度相对较大，风险也较大。

3. 应收账款回收方式。如果应收账款回收是持续的，每天、每周、每月都有款项回收，则风险较小；如果应收账款回收是不规则的，有时多一些，有时少一些，甚至很长一段时间都没有回收，这种情况风险较大。

4. 应收账款占销售额的比重。应收账款占销售额的比重较小，则风险相对较小；如应收账款占销售额的比重较大，则风险相对较高。

5. 应收账款占总资产的比重。应收账款占总资产的比率应在一个合理的范围内，如应收账款占到了总资产的很大比例，意味着借款人的大部分资产掌握在别人手中，如果应收账款的回收稍有不顺，对其经营会造成很大影响。在上例中，在约 360 万元的总资产中，有约 200 万元的应收账款，约占到了总资产的 55%，这是借款人偿还即将到期的短期债务的主要资金来源，如不能顺利回收，企业就会资金断链，隐藏着极大的风险。

（三）夸大资产价值

图 10 - 3　借款人夸大资产价值

为了虚增自己的资产实力，借款人也往往会夸大自己资产的价值。因此，调查评估人员不能轻易相信借款人的口述或提供的报表，要对其每项重要资产进行实地查看、盘点，调查原始的购买价格，按照其现状分析现在的市场价格。具体的调查方法请参阅本书第九章的相关内容。

（四）隐瞒负债

现在很多借款人要破产，往往都是过渡负债的了，而且很多都是隐性负债，这成了金融机构贷款风险的最大祸患

图 10 - 4　借款人隐瞒隐性负债

借款人过度负债风险。

1. 企业的金融机构贷款、应付货款、应付工资、各种应付税费等债务很大，超过了其资产的承受能力。

2. 借款人有大量的民间借贷，特别是有高利贷。

3. 已经严重资不抵债。

由于借款人过度负债，导致其经营破产的情况在实际操作中经常发生，这是目前小额贷款面临的最大风险之一。原因是：

1. 目前发放小额贷款业务的金融机构众多，竞争激烈，使得借款人能很方便地在多个贷款机构获得贷款。

2. 在一些地方，民间借贷活跃，利率较高，借款人也能很方便地借到资金。

3. 目前征信系统不完善，人民银行征信系统只包含银行和少数非银行金融机构的债务信息和信用记录，众多的类似于小贷公司和民间融资的债务信息和信用记录不在征信系统内，又无其他查询平台，这为贷款机构全面评估借款人的债务带来了难度。

为了能获得贷款，对于其拥有的资产，借款人会充分地展示，我们可通过实地查看和借款人提供的资料进行分析和掌握；但对于其负债，借款人有可能会隐瞒，对借款人债务的评估是整个评估工作的重点，也是评估的难点。由于存在上述问题，借款人的负债往往不能被全面掌握。除了与借款人充分交流沟通和通过人民银行征信系统了解借款人债务信息外，还可通过以下方法进行进一步分析。

1. 对借款人的员工、邻居、朋友等进行访问，了解其有无大额的应付工资、民间融资、高利贷债务等信息。

2. 对借款人的供货商、客户等进行访问，了解有无大额的应付货款、其他欠款信息。

3. 将借款人的发展历史、收入来源与其现有的资产实力进行对比分析，如其历史收入大大小于其现有资产额，则有可能存在有部分资产是通过债务形成的，借款人没有公开这部分债务，应进一步与其沟通确认（如果其历史收入大于其现有资产额，则有可能是借款人隐瞒了资产）。

对最近到期的大额债务，要详细了解借款人是如何偿还的，要求解释偿还的资金来源。如果借款人解释是从经营项目中抽出资金偿还的，则要分析经营项目中流动资产是否能抽出这些资金偿还债务，如不能偿还，则要求借款人进一步解释，如经过分析，确认借款人的项目中不能抽出资金偿还大额债务，则要考虑是否是通过借新债来偿还的。同时如借款人明确是通过借其他债务来偿还的，要分析新债的性质。

对即将到期的大额债务，要详细了解借款人的还款计划和还款资金来源，要考虑借款人自己是否有能力偿还，或是否能从正常渠道获得新的融资。如都不能，则要考虑借款人债务违约的风险。

同时要通过分析借款人征信报告上的贷款查询记录和外围走访，借款人是否在频繁地向多家金融机构申请贷款，或向其他人借款。同时在相关网站搜索查询借款人有无被诉讼和被法院执行的记录。

如怀疑借款人有其他大额负债，但又难以查实的，可要求借款人签署"债务声明书"，对其所有的债务必须全面向贷款机构公开，声明书中规定，贷款机构依此声明书为依据之一为借款人提供贷款，如借款人隐瞒债务的，将构成合同欺诈，贷款机构有权对其追究法律责任。

对于负债较高的借款人（负债率已达50%但未到70%）一般不应再为其提供贷款，如要贷款，则应提供抵押或担保。对于负债很高（已达70%以上），甚至有高利贷的应坚决不给予贷款。

（五）不如实告知投资情况

——有没有投资？

——是跨行业投资还是业务的扩展投资？

——需要投多少，自己有多少？有多少是负债投的？

——投资了多少？后续还会投入多少？

——投资收益或风险？

——一旦投资失败，借款人现有的能力是否能承受？

图 10 - 5　借款人的投资情况

在经营主体项目的同时，有些借款人往往还有其他一些投资活动或经营活动，调查评估人员在调查有其他项目投资的借款人时，一定要对他的投资情况进行详细的了解分析，不要认为其他投资活动不会影响贷款的风险，事实上，在很多实际案例中，由于企业主盲目投资，或超过自身实力投资，最后投资失败、自身资金链断裂而陷入破产的境地。

在分析借款人的其他投资问题时，主要从以下几个方面进行分析。

1. 有没有其他投资。这里有两种情况：一是借款人为掩盖资金真实用途，不告知有其他投资情况；二是为了夸大自己的实力，虚构自己有其他投资或夸大投资规模。对于第一种情况，调查的方式有：一是向借款人周围的员工、朋友、家人等进行外围走访，了解借款人有无其他投资的情况；二是对借款人的银行流水进行分析，查看最近一段时间有无大额的资金流出；三是通过权益的交叉检验方法来测算有无资产隐匿的情况，即根据借款人历年的发展情况推算其现在应有资产规模，与现在实际的资产规模进行对比，看是否有资产去向不明，如有，则怀疑借款人是否有其他投资；四是通过一些专业网站进行查询，看借款人有无其他投资情况，现在比较常用的网站如"天眼查""企查查"等。

对于第二情况，调查的方式有：一是要求借款人提供投资项目的相关证明文件，如投资协议、合伙协议及投资项目注册登记的相关文件；二是查看银行流水实际的转账记录或转账凭证；三是仍可通过查询一些专业网站进行验证核实；四是如有可能，可到投资现场实地查看情况。

2. 是跨行业的投资还是现有项目的扩张投资。

如果借款人是跨行业的投资，表明借款人涉足了一个自己陌生的行业，没有这个行业的相关经验和经营管理能力，这种投资风险是相对较高的，特别是投资一些高风险行业，如工程行业、种植养殖行业等；如果是现在经营项目的扩张投资，是借款人自己了解和熟悉的行业，则风险相对较小。

3. 需要投资多少钱、自有资金有多少、需要负债投资的有多少。

无论是跨行业投资还是本行业的扩张投资，一定要清楚一共要投资多少钱，在总投资中，借款人自己有多少钱，有多少是靠负债来投资的。如果在总投资中，借款人自有资金占大部分，少部分是负债投资，风险相对较小；如果在总投资中自有资金很少，大部分或全部是靠负债来投资的，则风险较高。

4. 已经投资了多少、后续还会投入多少。

如果借款人的项目正在投资过程中，要预算项目总投资是多少，贷款人已经投资了多少，在已经投资的资金中，是自有资金投入的还是负债资金投入的，后续还会投入多少资金，如需后续投入则资金来自哪里，资金来源是自有资金还是负债资金，负债资金是不是已有可靠的融资方案。

如果借款人的投资项目已投入了大部分，且投入资金大部分是自有的，则风险较小，如投入资金主要是靠负债，则风险较大；如项目后续还要投入大量资金，且借款人自身并没有充足的资金，要靠负债来投入，则风险较大，特别是在负债资金还没有明确的融资渠道的情况下，则风险更大。

5. 投资项目本身的收益和风险。

要对借款人投资的项目预期的收益和风险进行评估，如投资项目本身风险较小，预期有一定的收益，则风险较小；如投资项目本身风险较高，或预期收益不确定，则风险较大。特别是投资主要都是靠负债投入的情况下，一定要求投资项目预期要有稳定的现金流入来偿还债务，否则就会面临极大的债务偿还压力。

6. 一旦投资失败或投资项目短期内不能产生收益，以借款人现有的能力能否承受？或者说借款人是否超过自身能力进行过度投资？

这是非常关键的一点，特别是在投资大部分是靠负债投入的情况下。因为投资失败或无收益，则意味着负债要靠原有项目的经营收益来偿还，如因投资项目投入过大而背负大量的负债，原项目的收益不能偿还，则会有极大的风险。

表 10 - 2　　　　　　　某小型机械加工厂的利润表　　　　　单位：元

利润表	
	本期
一、加：营业（销售）收入	3663360
减：营业（销售）成本	2793250
减：营业（销售）税金	

续表

利润表	
	本期
二、等于：销售毛利润	870110
减：营业费用	92145
管理费用	107432
财务费用	214582
三、等于：营业利润	55951
加：营业外收入	
减：营业外支出	
四、利润	455951

表 10 - 3　　　　　　某小型机械加工厂的资产负债表　　　　　　单位：元

资产负债表			
	期末数		期末数
现金	20000	短期借款	2650000
银行存款		应付账款	214560
应收账款	334568		
存货	648900	流动负债合计	2864560
流动资产合计	1003468	长期负债合计	
房屋土地	560000	负债合计	2864560
机器设备	750000		
固定资产合计	1310000	净资产	2448908
其他投资	3000000		
资产总额	5313468	负债与净资产合计	5313468

某小型机械加工厂经调查核实后还原的年度利润表和资产负债表如表 10 - 2、表 10 - 3 所示，借款人投资的是池塘养鱼，承包土地和挖鱼塘、投鱼苗等投入共 300 万元。

在这个案例中我们看到，借款人如果没有 300 万元的养鱼投资，他基本上是没有负债的，且还会有少量闲置资金。但他投资了 300 万元的资金养鱼，大部分资金是靠负债来投入的，形成了高达 265 万元的短期负债，如果短期内养鱼收入较好，加上机械加工厂每年约 45 万元的利润，或抽出一部分流动资金，可能不会出现债务违约风险。

如果养鱼收益不好，或短期内不能取得收入，要全靠机械加工厂的收入来偿还债务，则借款人违约的风险很高，因为每年只有约 45 万元的利润，是不够偿还 265 万元的短期债务的，也就是说借款人超过现有的还款能力过度投资了。

如果借款人的养鱼投资规模没有那么大，假设只有 100 万元的投资规模，则借款人的负债就不会有那么高，大约 65 万元，即使养鱼没有产生收益，借款人现有的机械加工厂的利润加上抽出少部分流动资金是能够偿还的。

在这个案例中，借款人投资的是风险较高的养殖行业，自己没有行业经验，失败的可能性极大，并且失败后，借款人的投入就完全损失掉了，因为土地承包费、挖鱼塘的投入最后是一分钱也收不回的，同时又属于超过自身的实力投资，所以风险很高。

四、报表分析中的常见风险

调查评估人员根据评估的结果，还原编制了借款人的利润表和资产负债表，或对借款人原有的利润表和资产负债表进行核实后，就要对报表中展现的数据进行分析，找出其中可能存在的风险。

报表分析不仅要对申请贷款当时的报表进行分析，如果该笔贷款是续贷，还要将续贷当时的报表与之前的报表进行对比分析。

（一）对借款人申请贷款当时的报表进行分析

对当期报表的分析主要存在以下一些风险点。

1. 收入、利润不能支持借款人贷款申请额度。也就是说借款人收入利润低，没有足够的利润来偿还贷款。这种情况对长期贷款来讲尤为重要，因为长期贷款主要是用来投资固定资产的，一般情况下需要用利润来偿还，而不是用流动资产偿还。

表 10 - 4　　收入、利润不能支持借款人贷款申请额度情况下的利润表　单位：元

利润表	
	本期
一、加：营业（销售）收入	1546336
减：营业（销售）成本	1359325
减：营业（销售）税金	
二、等于：销售毛利润	187011
减：营业费用	59214
管理费用	30743
财务费用	41458
三、等于：营业利润	55596
加：营业外收入	
减：营业外支出	
四、利润	55596

借款人申请贷款的金额是 300 万元，期限三年，表 10 - 4 显示，借款人的利润每月约为 5.5 万元，一年的利润约为 66 万元，三年的利润约为 200 万元，不足以偿还其负债。在这种情况下，则应降低借款人的贷款金额。

2. 借款人经营风险比较高。在借款人的支出中，固定费用占了很大部分，无论借款人是否有经营销售收入，都会有很高的固定费用支出，这必然要求有很高的经营销售收入，从而有足够的毛利润来覆盖费用，否则就会亏损。

表 10 - 5　　　　　　借款人存在较高经营风险下的利润表　　　　单位：元

利润表	
	本期
一、加：营业（销售）收入	16463360
减：营业（销售）成本	13593250
减：营业（销售）税金	
二、等于：销售毛利润	2870110
减：营业费用	1392145
管理费用	707432
财务费用	614582
三、等于：营业利润	155951
加：营业外收入	
减：营业外支出	
四、利润	155951

从表 10 - 5 中可看出，每月销售额高达 1646 万元，但每个月的利润却只有约 15 万元，销售净利润率不到 1%。分析其原因看出：每月的毛利润达 287 万元，毛利润率为 17%，是比较好的，但每月的固定费用支出高达 271 万元（1392145 + 707432 + 614582），直接导致了净利润极低。为了有足够的毛利润覆盖费用，企业每月必须至少要有 1557 万元 [（1392145 + 707432 + 614582）÷（2870110 ÷ 16463360）] 以上的销售额，才能不发生亏损。

对于费用支出高的企业，意味着盈亏平衡点高（盈亏平衡点 = 固定费用 ÷ 毛利润率），也意味着经营杠杆高，风险较高。

3. 流动资产与固定资产的结构是否正常①。一般情况下，不同行业的企业，流动资产和固定资产在资产结构中的占比是不同的，在贸易行业中，企业的主要资产应该是存货、应收账款等流动资产，流动资产占企业资产的大部分，固定资产占总资产的比例较少。在制造加工行业，企业的主要资产如机器设备、土地厂房等固定资产，占总资产的比重较大，存货、应收账款等流动资产占比相对要少一些。对于服务行业，企业的主要资产都可能会是营业房屋、装饰装修等固定资产，流动资产很少。根据这些行业特点，评估人员在分析企业的报表时，要注意其资产结构是否与其行业特点或自身的经营状态相符合。如差异过大，要弄清原因。表 10 - 6 是一个比较典型的制造加工企业的资产结构状况。

表 10 - 6 　　　　　　　制造加工企业资产负债表 　　　　　　单位：元

资产负债表			
	期末数		期末数
现金	20000	短期借款	650000
银行存款		应付账款	214560
应收账款	334568		
存货	648900	流动负债合计	864560
流动资产合计	1003468	长期负债合计	
房屋土地	1160000	负债合计	864560
机器设备	1150000		
固定资产合计	2310000	净资产	2448908
资产总额	3313468	负债与净资产合计	3313468

---

① 在不同行业中，流动资产与固定资产的结构不同。

4. 资产负债比率过高。资产负债比率高，表明借款人的大部分资产都是靠负债形成的，有很大的还债压力，同时，如果借款人一旦破产，很可能会资不抵债，对贷款机构来讲，风险是很大的。

表 10－7　　　　　　　资产负债比例过高下的资产负债表　　　　　　单位：元

资产负债表			
	期末数		期末数
现金	32000	短期借款	550000
银行存款	53880	应付账款	413600
应收账款	1011430		
存货	1743687	流动负债合计	963600
流动资产合计	2840997	长期负债合计	2000000
房屋土地	580000	负债合计	2963600
机器设备	210000		
其他固定资产		净资产	667397
固定资产合计	790000		
资产总额	3630997	负债与净资产合计	3630997

在表 10－7 中看到，总资产约 363 万元，而负债就有 296 万元，资产负债比率达到了 81.5%（296÷393×100%），在借款人已有这么高的资产负债比率的情况下，再给予贷款的风险是很高的。

5. 资产结构与负债结构不匹配（流动比率低）。一般情况下，企业的短期负债要有相应的流动资产配比，因为企业的短期负债要用企业的流动资产来偿还，如果流动资产过少，不能偿还短期负债，企业则要考虑通过融资或处置固定资产来补充流动性。

表 10－8　　　　资产结构与负债结构不匹配下的资产负债表　　　　单位：元

资产负债表			
	期末数		期末数
现金	32000	短期借款	1550000
银行存款	53880	应付账款	413600
应收账款	11430		
存货	743687	流动负债合计	1963600

续表

资产负债表		
	期末数	期末数
流动资产合计	840997	长期负债合计	
房屋土地	2580000	负债合计	1963600
机器设备	210000		
其他固定资产		净资产	1667397
固定资产合计	2790000		
资产总额	3630997	负债与净资产合计	3630997

在表 10－8 中，企业有约 196 万元的负债，但全都是即将到期偿还的短期的负债，而企业的全部流动资产只有 84 万元，是不能偿还短期负债的，在这种情况下，企业要么通过重新借债来偿还即将到期的债务，要么处置房屋土地等固定资产来偿还债务。如企业不能重新融资，也处置不了固定资产，就不能偿还即将到期的债务，甚至由于资金链断裂而破产，风险很大。

6. 不产生收益的资产占比过多，资产结构不合理。在借款人的资产中，很多是与生产经营无关的闲置资产或者是消费性资产，这类资产不但不产生收益，而且还有可能因维护维修等发生支出，这类资产多了，会严重影响到借款人的资产质量，特别是还有较大负债的情况下再持有这些负债，就会存在一定的风险。

表 10－9　　　　不产生收益资产占比过多下的资产负债表　　　　单位：元

资产负债表						
	企业	家庭		企业	家庭	合计
现金	20000		20000	短期借款	650000	1000000	1650000
银行存款				应付账款	214560		214560
应收账款	334568		334568				
存货	648900		648900	流动负债合计	864560	1000000	1864650
流动资产合计	1003468		1003468	长期负债合计			
房屋土地		800000	800000	负债合计	864560	1000000	1864650
机器设备	150000	1200000	1350000				
固定资产合计	150000	2000000	2150000	净资产	1288908		1288908
资产总额	1153468	2000000	3153468	负债与净资产合计	2153468	1000000	3153468

在表 10 - 9 中，家庭资产有 200 万元，除了房屋等合理的消费资产外，还有价值 120 万元的豪华车辆，占其 315 万元总资产的近 40%，这类资产不但不产品收益，还会有较大的费用支出，且借款人本身的资产负债比率已经较高了，而在总负债中，有 100 万元是消费性负债，真正能带来收益的资产只有约 115 万元，而这些资产带来的收益是有限的。

这个案例也表明借款人存在过度消费的情况，消费超过了自身的收入能力，存在较大的风险。

7. 不能变现或不易变现的资产过多。在借款人的总资产中，有很多资产是不能变现或不易变现的，对贷款机构来说，也存在较大的风险。

表 10 - 10　　不能变现或不易变现的资产过多下的资产负债表　　单位：元

资产负债表			
	期末数		期末数
现金		短期借款	1150000
银行存款		应付账款	214560
应收账款	334568		
存货	648900	流动负债合计	1364560
流动资产合计	983468	长期负债合计	1000000
房屋土地	1160000	负债合计	1364560
机器设备	150000		
固定资产合计	1310000	净资产	1928908
其他投资	2000000		
资产总额	4293468	负债与净资产合计	4293468

在表 10 - 10 中，借款人有 200 万元的其他投资，这笔投资用于借款人与别人合伙经营酒店，由于投资款主要是用于酒店的装修，合伙协议明确规定了合伙人在经营过程中不能撤资。在这种情况下，这 200 万元是不能变现的。现在借款人有约 236 万元的负债，假设借款人现在经营失败，不能偿还债务了，要将其资产处置来偿还债务，但除了这 200 万元外只有约 229 万元的资产可以变现，这对债权人来讲，就不能完全实现其债权，存在较大的风险。

（二）借款人续贷时，将之前的财务数据与续贷时的财务数据进行分析

将续贷时的财务数据与之前的财务数据进行对比分析，可以发现借款人财务信息的变化态势和变化趋势，收入利润是在增长还是在下降，负债是增加了还是减少了，净资产增长了还是减少了，以及资金的流向及变化情况，根据这些变化情况判断借款人整体的财务状况是向好的方面发展还是在恶化。

1. 利润表数据的对比分析。分析每项数据的变化趋势及对利润的影响，在利润表数据的对比分析中，主要注意以下几个风险点。

（1）营业（销售）收入下降引起利润下降。

表 10 - 11　　　营业（销售）收入下降引起利润下降下的利润表　　　单位：元

利润表		
	上期	本期
一、加：营业（销售）收入	1318195.28	856348
减：营业（销售）成本	1175214.76	763436
减：营业（销售）税金		
二、等于：销售毛利润	142980.52	92912
减：营业费用	44706	43706
管理费用	58064.11	58332
财务费用	14849.38	14850
三、等于：营业利润	25361.03	-23976
加：营业外收入		
减：营业外支出		
四、利润	25361.03	-23976

从表 10 - 11 中对前后两期的数据对比发现，本期的销售收入下降了约 50 万元，在其费用支出不变的情况下，直接导致了利润的下降，从之前的每月盈利约 2.5 万元变为亏损约 2.3 万元。

（2）营业（销售）成本上升、毛利润率的下降导致利润下降。

表 10 – 12 毛利润率下降引起利润下降下的利润表 单位：元

利润表		
	上期	本期
一、加：营业（销售）收入	1318195.28	1376732
减：营业（销售）成本	1175214.76	1294128
减：营业（销售）税金		
二、等于：销售毛利润	142980.52	82604
减：营业费用	44706	43706
管理费用	58064.11	58332
财务费用	14849.38	14850
三、等于：营业利润	25361.03	–34284
加：营业外收入		
减：营业外支出		
四、利润	25361.03	–34284

在表 10 – 12 中，销售收入有小幅上升，但营业（销售）成本上升幅度很大，导致销售毛利润下降，从而也导致了利润由每月盈利约 2.5 万元变为亏损约 3.4 万元。

（3）费用支出上升导致借款人的利润下降。

表 10 – 13 费用上升引起利润下降下的利润表 单位：元

利润表		
	上期	本期
一、加：营业（销售）收入	1318195.28	1376732
减：营业（销售）成本	1175214.76	1227401
减：营业（销售）税金		
二、等于：销售毛利润	142980.52	149331
减：营业费用	44706	63706
管理费用	58064.11	58332
财务费用	14849.38	44850
三、等于：营业利润	25361.03	–17557
加：营业外收入		
减：营业外支出		
四、利润	25361.03	–17557

从表 10 – 13 中可以看出，销售额、毛利润变化不大，但费支出大幅增加，也导致了利润由月盈利约 2.5 万元变为亏损约 1.8 万元。

2. 资产负债表数据的对比分析。主要分析资产结构的变化、负债结构的变化，某项资产负债的变化与其他数据变化的关联关系。在对资产负债表的对比分析中，主要关注以下几个风险点。

（1）资产结构发生变化，资产的流动性变差。

表 10 – 14　　　　　　　资产的流动性变差下的资产负债表　　　　　　单位：元

资产负债表					
	期初数	期末数		期初数	期末数
现金	65000	32000	短期借款	280000	250000
银行存款	83460	53880	应付账款	173200	213600
应收账款	1683370	11430			
存货	1946675	743687	流动负债合计	453200	463600
流动资产合计	3778505	840997	长期负债合计		
房屋土地	580000	2580000	负债合计	453200	463600
机器设备	230000	1210000			
其他固定资产			净资产	4135305	4167397
固定资产合计	810000	3790000			
其他长期资产					
资产总额	4588505	4630997	负债与净资产合计	4588505	4630997

从表 10 – 14 中看到，借款人的资产结构发生了很大的变化，在总资产规模变化不大的情况下，流动资产由约 378 万元骤减至约 84 万元，固定资产由 81 万元骤增至 379 万元，流动资产与总资产的比例由 83% 下降至 18%。企业将很大一部分流动资产用于购买了厂房和机器设备，这可能导致企业的流动资产严重不足，经营周转会出现困难，在这种情况下，企业必然要寻求融资，且所融资金必须是长期负债，不能是短期负债。

（2）负债结构发生了变化，长期负债变成了即将偿还的短期负债。

表 10 – 15　　长期负债变成了即将偿还的短期负债下的资产负债表　　单位：元

资产负债表					
	期初数	期末数		期初数	期末数
现金	65000	32000	短期借款	280000	2150000
银行存款	83460	53880	应付账款	173200	113600
应收账款	1683370	1591430			
存货	1946675	1943687	流动负债合计	453200	2263600
流动资产合计	3778505	3620997	长期负债合计	2000000	
房屋土地	580000	580000	负债合计	2453200	2263600
机器设备	230000	210000			
其他固定资产			净资产	2135305	2147397
固定资产合计	810000	790000			
其他长期资产					
资产总额	4588505	4410997	负债与净资产合计	4588505	4410997

从表 10 – 15 中看到，资产结构、总资产、总负债及净资产变化不大，但有 200 万元的长期负债即将到期变成短期负债，从表中看出，企业有较多的流动资产，偿还即将到期的债务压力不大，但偿还了债务后，企业的流动资产会减少很多，可能会导致企业的流动资产不足，在这种情况下，企业还会有可能再寻求融资。

但假设企业的资产负债是如表 10 – 16 所示，则风险是比较大的。

表 10 – 16　　长期负债变成了即将偿还的短期负债下的资产负债表　　单位：元

资产负债表					
	期初数	期末数		期初数	期末数
现金	65000	32000	短期借款	280000	2150000
银行存款	83460	53880	应付账款	173200	113600
应收账款	683370	591430			
存货	946675	943687	流动负债合计	453200	2263600
流动资产合计	1778505	1620997	长期负债合计	2000000	
房屋土地	1580000	1580000	负债合计	2453200	2263600
机器设备	1230000	1210000			
其他固定资产			净资产	2135305	2147397
固定资产合计	2810000	2790000			
其他长期资产					
资产总额	4588505	4410997	负债与净资产合计	4588505	4410997

200 万元的长期负债变成了即将到期的短期负债，而企业的流动资产只有约 162 万元，是不够偿还短期债务的，在这种情况下，借款人必须要寻求新的融资用于还债，如不能有新融资进来，还款就会非常困难，要么处置一部分固定资产，要么就会违约，风险很高。

（3）负债的增加。负债的增加必然要引起资产的增加，要么是补充了流动资产，要么是购置了固定资产。

表 10－17　　　　　　　资产负债同时增加下的资产负债表　　　　　　单位：元

资产负债表					
	期初数	期末数		期初数	期末数
现金	65000	32000	短期借款	280000	2250000
银行存款	83460	53880	应付账款	173200	113600
应收账款	1683370	1591430			
存货	1946675	1943687	流动负债合计	453200	2263600
流动资产合计	3778505	3620997	长期负债合计	2000000	2000000
房屋土地	580000	1580000	负债合计	2453200	4363600
机器设备	230000	1210000			
其他固定资产			净资产	2135305	2047397
固定资产合计	810000	2790000			
其他长期资产					
资产总额	4588505	6410997	负债与净资产合计	4588505	6410997

表 10－17 中反映企业增加了约 200 万元的流动负债，在资产端看到，主要是固定资产增加了约 200 万元，也就是企业增加的负债主要用于购置房屋和机器设备等级固定资产。资产负债率由上期的 53% 上升到了 68%，这是一个比较高的资产负债率，但从企业的资产结构与负债结构的配比来看，是相互匹配的，处于一个较好资产负债配置状态，只要企业经营不出现较大的问题，总体风险不大。

但如果企业的负债增加，而企业总资产并没有相应的增加，这可能会存在较大的风险。

表 10 – 18 资产负债未同时增加下的资产负债表 单位：元

资产负债表					
	期初数	期末数		期初数	期末数
现金	65000	32000	短期借款	280000	250000
银行存款	83460	53880	应付账款	173200	213600
应收账款	683370	511430			
存货	1946675	2243687	流动负债合计	453200	463600
流动资产合计	2778505	2840997	长期负债合计		1800000
房屋土地	580000	580000	负债合计	453200	2263600
机器设备	1230000	1210000			
其他固定资产			净资产	4135305	2367397
固定资产合计	1810000	1790000			
其他长期资产					
资产总额	4588505	4630997	负债与净资产合计	4588505	4630997

在表 10 – 18 中，企业的负债增加了约 180 万元，但企业总的资产并没有增加，而是显示净资产减少了约 177 万元，这里引发的一个问题是，负债流向哪里去了？资金的流向主要应有几个方面：一是可能之前有隐性负债没有被调查出来，新的负债偿还了以前的隐性负债；二是有新的对外投资，将资金用在了投资上，借款人没告知这一投资事项，调查人员也没有查出来；三是可能购买了新的资产，调查人员没有查出来；四是借款人或企业最近有一次大额的消费支出；五是借款人或企业遭遇了重大亏损或财产损失。但无论是哪种情况，调查人员对大额资金的去向一定要调查清楚，如不清楚这些情况，往往有可能隐藏着较大的风险。

（4）利润与净资产的变化分析。前面提到，损益表中的净利润与资产负债表中期初与期末净资产的差额是相等的这样一个逻辑关系，也就是说利润一定会导致企业净资产的增加，在分析借款人的财务报表时，要注意是否存在这样的逻辑关系，如没有，则有可能隐藏着一些其他信息。

表 10 – 19　　　　利润增加没有引起净资产增加下的利润表　　　　单位：元

利润表	
	本期
一、加：营业（销售）收入	16463360
减：营业（销售）成本	13593250
减：营业（销售）税金	
二、等于：销售毛利润	2870110
减：营业费用	892145
管理费用	507432
财务费用	314582
三、等于：营业利润	1155951
加：营业外收入	
减：营业外支出	
四、利润	1155951

表 10 – 20　　　　利润增加没有引起净资产增加下的资产负债表　　　　单位：元

资产负债表					
	期初数	期末数		期初数	期末数
现金	65000	32000	短期借款	280000	2250000
银行存款	83460	53880	应付账款	173200	113600
应收账款	1683370	1591430			
存货	1946675	1943687	流动负债合计	453200	2363600
流动资产合计	3778505	3620997	长期负债合计	2000000	
房屋土地	580000	580000	负债合计	2453200	2363600
机器设备	230000	210000			
其他固定资产			净资产	2135305	2047397
固定资产合计	810000	790000			
其他长期资产					
资产总额	4588505	4410997	负债与净资产合计	4588505	4410997

　　这是企业的年度损益表和资产负债表，企业这一年的利润有约116万元，在资产负债表中的净资产应该由之前的约214万元增长至约330万元，但实际上，现在的净资产约为205万元，反而是有所下降。出现这种情况有

两种可能：一是利润表中的利润不是真实的，没有核算出企业真实的收入利润数据或亏损；二是借款人的利润没有用于购置企业的资产，而是将资金投放在了其他用途上，没有被调查出来。但无论是哪种情况，调查评估人员一定要弄清其中的原因，挖掘其中有可能存在的风险。

但同样的，净资产的增长超过了利润，这也是不正常的。

表 10 – 21　　　　　净资产增长超过利润增长下的资产负债表　　　　单位：元

资产负债表					
	期初数	期末数		期初数	期末数
现金	65000	32000	短期借款	280000	750000
银行存款	83460	53880	应付账款	173200	113600
应收账款	1683370	1591430			
存货	1946675	1943687	流动负债合计	453200	863600
流动资产合计	3778505	3620997	长期负债合计	2000000	
房屋土地	580000	1580000	负债合计	2453200	863600
机器设备	230000	210000			
其他固定资产			净资产	2135305	4547397
固定资产合计	810000	1790000			
其他长期资产					
资产总额	4588505	5410997	负债与净资产合计	4588505	5410997

表 10 – 21 中，净资产的增长达约 241 万元，而实际利润只有约 116 万元，净资产多增长了 125 万元。那么这多出的 125 万元是从哪里来的呢？一种可能是有股东注入了新的投资，还有一种可能是通过借债进来的，但没有被调查出来，算到净资产中去了。

对于第一种情况，有新的投资对债权人来讲是积极的因素，但要是第二种情况，有隐性负债没有被调查出来，则隐藏着较大的风险，调查评估人员要进一步调查清楚。

第三节 案例分析

案例一

借款人王某，现年 33 岁，经营餐厅已经 8 年。最开始从投入 10 万元的小餐馆做起，一步步扩大餐厅规模，最近一次餐厅扩大是在两年前。表 10 - 22 和表 10 - 23 是餐厅最近一年的营业收入和利润情况，以及评估时王某的资产负债情况。

表 10 - 22　　　　　　　　　借款人王某的利润表　　　　　　　单位：元

利润表	
	累计数
一、加：营业（销售）收入	3245600
减：营业（销售）成本	1763300
二、等于：销售毛利润	1482300
减：费用	974436
三、等于：营业利润	507864

表 10 - 23　　　　　　　　　借款人王某的资产负债表　　　　　　单位：元

资产负债表			
	期末数		期末数
现金	20000	短期借款	650000
银行存款		应付账款	
应收账款			
存货	48900	流动负债合计	650000
流动资产合计	68900	长期负债合计	
房屋土地	1460000	负债合计	650000
机器设备（车）	850000		
固定资产合计	2310000	净资产	3728900
其他投资（工程）	2000000		
资产总额	4378900	负债与净资产合计	4378900

从报表上看，餐厅近一年的利润约 51 万元，处于一个较好的水平。在资产当中，房屋土地 146 万元，主要是餐厅的装修投入 30 万元，自己的住房价值 116 万元，有一辆价值 85 万元的豪华轿车（住房和轿车都是最近几年买的），同时对外投资工程项目投入了 200 万元；负债 65 万元是住房的按揭贷款，基于现有资产负债调查数据，计算出王某的净资产约为 373 万元。

对王某的发展历史与其资产积累进行权益分析：王某从最开始只有 10 万元的小餐馆起步发展，现在有约 373 万元的净资产，8 年，平均每年的资产积累约 47 万元，然而，王某的餐厅最近两年才有现在的规模，也就是最近两年的利润才 50 万元左右，之前规模更小，利润更少，并且餐厅每次扩大都是有投入的，这样算来，他 8 年时间是不可能有 373 万元的净资产的，那么多余的资产是从哪里来的呢？

通过与王某进一步交流得知其从事餐饮以来的每年收入：第 1 年 18 万元，第 2 年 20 万元，第 3 年 25 万元，第 4 年 38 万元，第 5 年 37 万元，第，6 年 39 万元，第 7 年 58 万元，第 8 年 51 万元，8 年利润共计约 286 万元，其中第 3 年和第 6 年扩装餐厅分别投入了 25 万元和 45 万元，共计约 70 万元，剩余利润约为 216 万元，这应是王某现在实际的净资产。

当时王某投资工程项目时，有约 50 万元的闲置资金，但项目需投入 200 万元，所以在小额贷款公司申请贷款 150 万元，这一情况之前没有告诉评估人员。

对于此笔贷款，王某投资的工程项目如不出现风险，能顺利收回投资，贷款风险不大；如果工程项目出现风险，不能顺利收回投资，就要靠餐厅的收入来偿还负债，贷款偿还期限就会比较长，当然这要在餐厅经营稳定，不出现任何问题的前提下。

案例二

张某是续贷客户，这是第二次申请贷款。张某经营一个家具厂，已经营了 5 年，去年投资买地建了厂房，新厂房投产了半年，新厂投产后产能较原先扩大了一倍，现申请 100 万元信用贷款补充流动资金。下面是对张某进行调查评估后得到的财务数据，并将本次调查得到的资产负债数据与前一次申请贷款时的资产负债数据编制在同一张资产负债表中，以便进行对比分析。

表 10-24　　　　　　　　　借款人张某的利润表　　　　　　　　单位：元

利润表	
	累计数
一、加：营业（销售）收入	6453245
减：营业（销售）成本	5174468

续表

利润表	
	累计数
二、等于：销售毛利润	1278777
减：费用	743977
三、等于：营业利润	534800

表 10 – 25　　　　　　　借款人张某的资产负债表　　　　单位：元

资产负债表					
	期初数	期末数		期初数	期末数
现金	13433	23460	短期借款	500000	2200000
银行存款	74898	34780	应付账款	346000	936000
应收账款	882346	1392780			
存货	1073562	684500	流动负债合计	846000	3136000
流动资产合计	2044239	2135520	长期负债合计		
房屋土地		3160000	负债合计	846000	3136000
机器设备	650000	1485000			
其他固定资产			净资产	1848239	3644520
固定资产合计	650000	4645000			
资产总额	2694239	6780520	负债与净资产合计	2694239	6780520

从资产负债的对比分析来看，变化较大的项目主要有：

（1）流动资产总体来讲变化不大，只增加了约 9 万元，其中应收账款增加了约 50 万元，这是由于销售额的增加，必然要导致应收账款增加，这是符合逻辑的；但存货相比之前减少了约 39 万元，由于销售额上升，存货理应增加，但现在反而减少了，这是不正常的，这也说明企业确实需要补充流动资金以增加存货量。

（2）由于新建了厂房和添加了机器设备，固定资产增加了约 400 万元，其中土地厂房投入约 316 万元，新机器设备投入约 84 万元。

（3）对于负债，流动负债增加了约 229 万元，其中短期借款增加了 170 万元，应付账款增加了约 59 万元，两项负债都大幅上升了，但都没有长期负债。

（4）净资产从约 185 万元增加到了 364 万元，增加了约 179 万元。

从总资产来看，增加了约 409 万元，资金主要投在土地厂房和机器设备上，但从资金来源上分析，存在以下几方面的风险：

一是负债增加了约 229 万元，都是短期负债，而借款人是将资金用于固定资产购置，短期负债匹配了固定资产，负债安排不合理，一般情况下，购置固定资产应寻求长期负债。在本例中，由于增加的是短期负债，导致总的短期负债是约 314 万元，而企业的流动资产总额只有约 214 万元，超过了 100 万元，流动比率是 68%，企业的短期偿债压力是非常大的，只能不断去寻求新负债去偿还旧负债，会给企业造成很大负担。如果某个时候，不能找到新的融资，会导致企业债务违约，或企业资金链断裂。

二是净资产增加了约 180 万元，但从近一年的利润来看只有约 53 万元，净资产多增加了 127 万元，这资金是从哪里来的呢，要么可能是股东增加了投资，如果不是则应该是通过负债增加的，但现在这部分负债没有被查出来，这说明借款人还有一部分隐性负债。

从整体分析来看，借款人最近一年投资了 400 万元用于扩建厂房和添加机器设备，扩大了企业的生产能力。但由于生产能力的扩大导致流动资金不足。在 400 万元的投资中，从报表上看，有一部分是靠流动负债增加的资金，还有一部分是通过净资产增加。由于流动负债增加会导致企业的偿债压力增大，如果多增加的净资产是隐性负债，企业的偿债压力更大。由于流动负债大于流动资产很多，企业需要不断用新债还旧债，在这个过程中，如果不能有新的融资，企业就会有违约风险或资金链断裂风险。

案例三

李某是续贷客户，经营销售副食品批发销售，主要向超市、零售店配送副食商品。本次申请 80 万元用于增加库存量。

表 10 - 26　　　　　　　　　　借款人李某的利润表　　　　　　单位：元

利润表	
	累计数
一、加：营业（销售）收入	14553800
减：营业（销售）成本	13187600
二、等于：销售毛利润	1366200
减：费用	763890
三、等于：营业利润	602310

表 10 – 27　　　　　　　　　借款人李某的资产负债表　　　　　　　单位：元

资产负债表					
	期初数	期末数		期初数	期末数
现金	65000	32000	短期借款	280000	550000
银行存款	83460	53880	应付账款	173200	213600
应收账款	1683370	1011430			
存货	1946675	1743687	流动负债合计	453200	763600
流动资产合计	3778505	2840997	长期负债合计		
房屋土地	580000	580000	负债合计	453200	763600
机器设备	230000	210000			
其他固定资产			净资产	4135305	2867397
固定资产合计	810000	790000			
资产总额	4588505	3630997	负债与净资产合计	4588505	3630997

　　表 10 – 28 是李某上次申请贷款到这次申请贷款的销售及利润，资产负债表是上次申请贷款和这次申请贷款的财务状况。从资产负债表中看到，企业的流动资产减少了约 94 万元，固定资产变化不大，企业的总资产相比上次减少了约 96 万元，负债比上次增加了约 31 万元，净资产比上次减少了约 127 万元，有大幅度的减少，这期间企业本来有约 60 万元的利润，净资产应该增加才对，从一点上可以发现，企业有 180 多万元（127 万元 + 60 万元）的资金不在企业里了。那么这些钱到哪里去了呢？一是将资金用于购房购车等消费支出上，二是用于其他项目的投资。

　　如果是消费用途上，只要是合理的，没有其他负债用于消费，从企业整体情况上看，风险可控，可以给予贷款。

　　如果是用在其他项目投资上，则要对投资情况进行详细了解和分析，如果此次投资后没有较大的继续投入，同时也没有较大的负债投入，从企业整体情况上看，风险可控，可以给予贷款；但如果投资了这 180 多万元后，新项目还需要很大的后续投入，或者是已有很大的隐性负债投入，则要谨慎。

第四节 其他风险问题

一、不同情况下贷款评估的重点

（一）不同的贷款期限

1. 对长期贷款，重点评估的内容。

（1）经营的持续性、稳定性。主要分析企业的发展规划、产品竞争力，宏观经济环境、法律政策对企业的影响等。因为是长期贷款，要确保企业在较长的贷款期限内能够稳定经营，才有可能在贷款到期时偿还贷款。否则，企业在贷款还没有到期前就出现了问题或停止了经营，贷款肯定就会有风险。

（2）收入、利润。由于长期贷款一般都是用在固定资产投资上，这类贷款的偿还资金来源一般是固定资产产生的收益，所以，在贷款期限内，企业要有稳定的收入利润积累，才能在贷款到期时顺利偿还。

2. 对于短期贷款，重点评估的内容。

（1）预期的现金流入。短期贷款一般用于补充流动资金或旺季临时性的资金需求，还款来源是流动资产。因此，在评估时，要关注企业的流动资产状态，如应收账款是否能按期收回、存货是否足额以及是否能销售出去及时变现等。

有人一直纠结一个问题，贷款还款来源究竟是看企业的收入利润还是现金流，通过上面的分析，笔者认为：长期贷款主要是看企业的收入利润，短期贷款主要是看企业的现金流入。

（2）现金流与收入利润的关系。收入利润是现金流的来源，再好的现金流，如果没有持续的收入利润，最后都是要枯竭的；现金流是收入利润最好的表现形式，利润以现金的方式存在，增强了企业资产的流动性，企业就可以进行任何形式的支配。

（二）不同的行业

1. 商品流通行业评估重点。

（1）销售网络、商品的竞争力及销售额。商品流通行业主要就是商品销售，销售量大则意味着企业经营状况较好。销售渠道、销售网络是商品流通企业的重要资源，商品竞争力是其销量的有力武器，因此对企业的销售渠道、销售网络、商品竞争力进行评估能分析企业的销售潜力和销售前景，同时结合现在实际的销售情况预测未来的发展趋势。

（2）库存数量、应收账款数量及收款情况。商品库存及应收账款是商品流通企业主要的资产，是商品流通企业还款的重要保证，所以在评估时要重点关注库存情况和应收账款情况。

2. 加工制造行业评估重点。

（1）销售模式、销售网络及销售额。生产的产品能顺利实现销售并快速回笼资金，是企业顺利发展的基础，是否有顺畅的销售模式、固定的销售网络是实现销售的前提条件，因此评估人员要重点了解和分析企业这些信息，同时结合过去的销售额，以判断销售情况。

（2）机器设备等固定资产的价值及运行情况。对于加工生产企业来讲，机器设备等固定资产是其进行生产的物质基础，也是其生产潜力的基础，同时也是其价值占企业总资产的重要部分。因此，评估人员要对其机器设备的价值、生产状态、新旧程度等信息进行详细评估。

3. 服务业（如宾馆、餐饮、运输等）的评估重点是经营收入。服务行业投入的资产大多是一次性的不能变现的，特别是如宾馆、餐饮等行业，投入的主要是装饰装修，一旦投入后是很难变现回收的，这些企业能否持续经营，能否收回投资或偿还债务，关键就是经营收入，或者就是说生意好，就能持续，生意不好或没有生意，投入再多的钱都会倒闭。因此，评估人员对于服务行业的评估关键就是看其生意好不好。

（三）不同的贷款用途

1. 用于补充流动资金。

（1）重点评估现在的流动资产总额。分析其正常合理的流动资产总额，两者的差额是多少，流动资金的贷款需求是否是合理的。

（2）分析预期的现金流入量。由于是短期流动资金贷款，是要用流动资产偿还的，所以流动资产在短期内的变现能力就非常重要。

2. 用于购置固定资产。

（1）重点评估购置固定资产所需的总金额、自筹金额、相差金额。

（2）是否有足够的长期稳定的收入、利润。

3. 用于其他投资。

（1）分析其他投资成功的可能性、预期收益、风险。

（2）分析其投资中，主要是靠自有资金投入的还是主要是靠负债投入的。

（2）评估现有的经营收入能否承担起投资失败后的债务偿还。

（四）不同贷款额度

1. 微型贷款。

（1）侧重调查借款人定性信息及还款能力，如借款人居住是否稳定、婚姻家庭是否稳定，有无不良嗜好、信用记录是否良好，以及经营是否稳定。

（2）还款来源及还款能力。

2. 小企业贷款。

（1）侧重企业的稳定性，如股权结构及其稳定性，关键控制人、主要股东背景及个人情况、企业的经营管理状况、产品的竞争能力、企业能否可持续发展。

（2）销售网络、销售收入、利润、现金流。

二、调查评估过程中的一些风险怀疑点

在贷款的调查评估过程中，借款人的一些行为和发现的一些现象可能隐藏着一定的风险问题，需要引起评估人员的注意。当遇到这些行为和现象时，不要忽视和轻易放过。

（一）不想让家人知道贷款信息的。小额贷款一般都是贷给个人的，用于家庭的消费开支或经营活动，其配偶、家人应该是知情并支持的，如果借款人不想让配偶、家人知道贷款的事情，表明借款用途存在某种问题，也表明这次贷款其配偶、家人是不支持的，如果在这种情况卜放款，风险程度较大。

（二）提供虚假资料和不实信息的。如发现提供虚假资料，如虚假证件、虚假银行流水等，表明借款人已经是在进行欺骗和欺诈了，只要发现这种情况，应立即停止贷款程序。

（三）不能提供资料（特别是核心资料）的。借款人所讲的信息或报表的数据不能有原始资料凭证进行对应验证，又得不到合理解释的。不能提供核心资料，如与经营相关的银行流水、经营的证件、主要资产的证明文件等，这种情况下则要怀疑经营的真实性；借款人所讲的或报表上的经营的收入利润及其资产情况等，不能提供原始凭证进行验证的，则要怀疑借款人所讲的或报表所体现的数据是否有造假的嫌疑。

（四）过分殷勤、请客送礼的。这类人往往在贷款前求人，多半是虚情假意，贷款后到还款时往往难度很大。

（五）借款人着奇装异服，社会习气浓厚。这种人一般都是混社会的，无信义可言。

（六）夸海口、吹牛皮的，这类人往往会自吹自己有多少资产，但就是不能证明，或者吹嘘自己有什么样的关系、什么样的背景，但就是一事无成。

（七）生活奢华，超过自己的收入能力，这类人只图享受，钱一到手就享乐消费，是不会想到还款的。

（八）经营场所内杂乱无章、物品上布满灰尘，表明借款人经营项目管理混乱，或根本就没有进行管理，或经营状况非常差。

（九）要钱很着急，申请贷款特别心切、准备特别充分，借款金额越多越好，对利息、手续费不在乎的，这类人通常现在急切需要用钱，同时也表明借款人可能正向多家机构申请贷款，借款人很容易过度负债或者可能已经过度负债了。

（十）借款人与共同担保人关系复杂的，特别是借款人与担保人有业务关系或债权债务关系的，这很可能是还担保人的钱或就是帮担保人贷款；借款人申请贷款时，另外有人主动帮忙跑路且表现得比借款人还积极，这可能是借款人在帮别人贷款；借款人贷款时一直有人跟随，或有其他人一直守在旁边的，这很有可能是催债的，借款人贷款后用于还债。遇到这几种现象表明贷款存在相当大的风险。

（十一）贷款用途说不清楚，也不能证明贷款用途，一会说贷款用于进货，又说是买设备，或者说有其他用途，遇到这种情况借款人一定在隐瞒什么事情。

（十二）对自己的经营历程都说不清楚的，或对经营项目都不清楚的，这种情况下要注意借款人经营项目是否是虚假的或假借别人的经营项目来骗取贷款。

（十三）参加过各种投资培训（特别是所谓的财富培训）的借款人要注意，现在有一些所谓的财富培训班，专门培训学员如何在金融机构贷款，如何制作金融机构贷款要求的一些材料，其实质就是如何骗取贷款。

三、贷款评估中的一些风险意识

（一）配偶无特殊情况必须签字。

（二）一般情况下，对方参与贷款的人越多，对控制风险就越有利。

（三）考虑客户来源是否有风险，特别是是否是一些以收取佣金为目的的中介机构推荐来的，这类借款人一般都是经过中介包装的。

（四）通过尽可能多的渠道了解借款人信息，并进行信息汇总核对。

（五）尽可能从一些原始凭证资料来挖掘和验证借款人信息。

（六）应收账款很大的客户，一定要考虑应收账款的真实性和可收回性。

（七）有其他投资的客户一定要考虑投资的真实性和是否投资过度。

（八）对一些自制的报表统计资料，不能得到原始票据、凭证资料验证的要持怀疑态度。

第五节　信用贷款额度的确定

一、决定贷款额度的指标依据

贷款金额的确定以借款人的定量指标分析为主，参考其定性分析指标。

具体来讲，贷款额度一般取决于以下定量指标。

（一）营业收入

营业收入的多少直接反映借款人的经营规模和经营能力，在有毛利润的情况下，营业收入越多，还款能力越强，贷款额度就可以越大。如果营业收入少，其毛利润不足以支付费用，借款人就会亏损，贷款风险就很大。因此，有足够的营业收入是贷款机构给借款人提供贷款的基础。

由于各行业、各经营者的利润率不同，其营业收入与贷款额度的比率也不同。一般情况下，利润率低的行业，如流通中的批发业、加工制造业等，其营业收入往往要求较高；而一些毛利润率高的行业，如餐饮、宾馆行业，对其营业收入的要求可适当降低。

（二）利润

利润是还款资金的重要来源，也是给其发放贷款的重要前提。如果企业没有利润，处于亏损状态，则企业的资产会不断减少，这时对其发放贷款，无疑将会面临很大风险。只有在盈利的状态下，才能向其发放贷款，借款人的利润越高，贷款额度就可以越大，有时还会要求利润额不能低于贷款额。

（三）现金流入

现金流入是贷款的核心指标。前面提到的营业收入和利润，如果不是反映在现金上或变现能力强的流动资产上，而是体现在不能及时收回的应收账款上，或是在变现能力差的固定资产或其他投资上，纵然是有很大的营业额和很高的利润，也不能直接用来归还贷款。贷款到期，没有足够的货币资金，也不能按时归还。相反，虽然没有多大的营业额，或者没有利润，甚至亏损，但企业有充足的现金流入，贷款到期，也能按时归还。但这并不等于说营业收入和利润不重要，因为没有足够的营业收入和利润，充足的现金流的情况也是短暂而不可持续的。

现金流越大，贷款额度可以越高；相反，现金流越小，贷款额度就越低。

（四）总资产和净资产

足够的资产规模是还款来源的重要保障。一般情况下，资产实力越强，贷款额度就越高，相反，资产实力越弱，贷款额度就越低。

同时，还要分析资产结构。对于易变现的流动资产占比高、变现差的固定资产占比低的企业，贷款额度可提高；相反对于易变现的流动资产占比低、变现差的固定资产占比高的企业，贷款额度要降低。

（五）调整后的资产负债率

重视调整后的资产负债率指标，是贷款额度确定的重要依据。有时借款人的资产规模很大，但是有很大一部分是靠负债支撑的，自有净资产很少，甚至资不抵债，在这种情况下，一是加大了借款人的债务负担，形成很大的还款压力；二是如果企业破产，借款人将没有足够的资产用于偿还贷款。所以，贷款机构在给借款人发放贷款时，要在借款人的负债安全线以下。

之所以要求资产负债率不能过高，是因为当借款人破产后，其所有资产不可能按实际价值变现，都会有一定的折价才能处置。

由于各行业、各借款人的资产结构不同、变现能力不同，所以对调整后资产负债率的要求也不同。一般情况下，变现能力强的流动资产占比较高的企业，调整后的资产负债率可以高一些，如商品流通业；对于变现能力弱的固定资产占比较高的企业，调整后的资产负债率要求相对低，如加工制造业、餐饮宾馆业等服务业。

二、各行业贷款额度参考指标

结合工作的实践经验，下面给出了在信用贷款方式下，确定贷款额度的一些方法。

（一）种植业、养殖业

1. 利润。如果贷款是用于固定资产投资，贷款额度应不高于贷款期限内的利润。因为这种贷款期限较长，还款来源主要是利润，贷款额度高于企业利润，就超过了借款人的还款能力。

2. 销售收入。如果贷款是用于种植、养殖期间的费用支出，则贷款金额应小十本种植、养殖期预计的销售收入 – 本种植、养殖期内后续的其他的费用 – 下一次种植、养殖必备的周转金。这种贷款期限较短，还款来源主要是用销售收入。

3. 现金流入。贷款后的每期还款额 ≤（每个还款期的现金流入 − 必须用现金支付的费用）。

4. 净资产。贷款额度不超过经营性净资产的50%。因为这类项目的资产变现能力弱，变现时，折价率很高，贷款不宜占资产比例过高。

5. 调整后的资产负债率。贷款额度不超过调整后资产负债率的50%。同样是因为这类项目的资产变现能力弱，变现时折价率很高，贷款不宜占资产比例过高。

在以上各项指标中以较低的金额确定贷款额度。

（二）商品流通业

1. 利润。如果贷款是用于固定资产投资或长期的流动资金周转，贷款额度应不高于贷款期限内的利润。因为这种贷款期限较长，还款来源主要是利润，贷款额度高于企业利润，就超过了借款人的还款能力。

2. 销售收入。如果贷款是用于短期补充流动资金，则贷款金额应 ≤ 贷款期内销售额的15%。这种贷款期限较短，还款来源主要是销售收入。

3. 现金流入。贷款后的每期还款额 ≤ 每个还款期现金流入的20%。

4. 净资产。贷款额度不超过经营性净资产的70%。因为商品流通业流动资产占总资产比例较高，易变现，所以贷款占资产的比例可以高一些。

5. 调整后的资产负债率。贷款额度不超过调整后资产负债率的70%。因为商品流通业流动资产占总资产比例较高，易变现，所以贷款占资产的比例可以高一些。

在以上各项指标中以较低的金额确定贷款额度。

（三）加工制造业

1. 利润。如果贷款是用于固定资产投资或长期的流动资金周转，贷款额度应不高于贷款期限内的利润。因为这种贷款期限较长，还款来源主要是利润，贷款额度高于企业利润，就超过了借款人的还款能力。

2. 销售收入。如果贷款是用于短期补充流动资金，则贷款金额应小于贷款期内销售额的20%。这种贷款期限较短，还款来源主要是销售收入。

3. 现金流入。贷款后的每期还款额不超过每个还款期的期现金流入的 30%。

4. 净资产。贷款额度不超过经营性净资产的 50% ~ 60%。主要看企业的资产构成，如易变现的流动资产占比较高，上述比例可高一些；如不易变现的固定资产占比较高，上述比例应低一些。

5. 调整后的资产负债率。贷款额度不超过调整后资产负债率的 50% ~ 60%。主要看企业的资产构成，如易变现的流动资产占比较高，上述比例可高一些；如不易变现的固定资产占比较高，上述比例应低一些。

在以上各项指标中以较低的金额确定贷款额度。

（四）服务业

1. 利润。如果贷款是用于固定资产投资，贷款额度应不高于贷款期限内的利润。因为这种贷款期限较长，还款来源主要是利润，贷款额度高于企业利润，就超过了借款人的还款能力。

2. 营业收入。如果贷款是用于短期补充流动资金，则贷款金额应小于贷款期内营业额的 40%。这种贷款期限较短，还款来源主要是营业收入。由于此类项目初始投入很大，在营业时，成本费用相对较少，利润率较高，所以贷款额占营业收入的比例可以高一些。

3. 现金流入。贷款后的每期还款额不超过每个还款期现金流入的 50%。由于此类项目初始投入很大，在营业时，现金支付较少，所以贷款额度占现金流入的比例可以高一些。

4. 净资产。贷款额度不超过经营性净资产的 50% 或更低。因为服务业的很多资产投入最后是不能变现的，大部分都是用在了装饰装修上，变现能力很弱，所以贷款额度占资产比例应低一些。

5. 调整后的资产负债率。贷款额度不超过调整后的资产负债率的 50% 或更低。因为服务业的很多资产投入最后是不能变现的，大部分都是用在了装饰装修上，变现能力很弱，所以贷款额度应占资产比例要低一些。

按以上各项指标中以较低的金额确定贷款额度。

（五）工程项目贷款

1. 利润。如果贷款是用于购置工程机械设备等固定资产，贷款额度应不高于贷款期限内的利润。因为这种贷款期限较长，还款来源主要是利润，高于企业利润，就超过了借款人的还款能力。

2. 销售收入。如果贷款是用于补充工程项目流动资金，则贷款金额应<（本次工程项目的收入－本次工程项目的后续的其他的费用支出）×50%。这种贷款期限较短，还款来源主要是工程收入。

3. 现金流入。贷款后的每期还款额≤（每个还款期的现金流入－当期必须用现金支付的费用）×70%。

4. 净资产。贷款额度不超过经营性净资产的50%。因为工程式项目的资产主要是各种机械设备等固定资产，变现能力弱，变现时，折价率很高，贷款不宜占资产比例过高。

5. 调整后的资产负债率。贷款额度不超过调整后资产负债率的50%。同样因为工程式项目的资产主要是各种机械设备等固定资产，变现能力弱，变现时，折价率很高，贷款不宜占资产比例过高。

在以上各项指标中以较低的金额确定贷款额度。

三、案例

李先生和另外两人合伙于2005年投资100万元注册了一家商贸有限公司，主要在本市代理销售某品牌系列食品和某品牌系列饮料等。李先生占有公司40%的股份，另两个股东各占30%的股份。李先生是公司的法人代表，负责处理公司的经营事务，另两个股东分别负责财务和业务。公司章程规定公司的重大事务如投资、举债等需三人共同商议后决定。公司经过这几年的发展，已建立了较完备的销售网络，有稳定的销售渠道。

公司现有7台送货车辆车；价值约45万元，有某品牌系列食品库存310万元，某品牌系列饮料库存100万元，应收账款90万元，银行账户上有15万元存款。同时，以三个股东的住房作为抵押在商业银行贷款100万元，于次年4月到期。

公司上月销售额约为220万元：其中，某品牌系列食品月均销售140万元，某品牌饮料月均销售80万元。

公司决定购买下一处房产作为办公和仓库使用，房价共计180万元，因此，李先生以公司的名义申请贷款120万元，期限2年。

李先生与另外两人以前是同一家副食商贸公司的业务人员，三人合伙成立公司后，合作关系比较稳定。

这是一笔商品流通业贷款，根据该行业的特点，分析确定贷款金额如下。

1. 从利润角度考虑。贷款期限是两年，按目前借款人的盈利能力分析，其两年利润和约 200 万元，申请贷款 120 万元，低于其利润，是可接受的贷款额度。

2. 从销售额角度考虑。借款人两年的销售额约 5000 万元，按不高于 15% 的比率计算，就应低于 750 万元，而借款金额是 120 万元，这也是可接受的（由于借款人是将贷款用于固定资产投资，这项指标在此笔贷款中没有多大的意义）。

3. 从现金流角度考虑。借款人月均现金流入 212 万元，按 20% 的限额计算，每月的还款额不应超过 41.4 万元，而实际上如果贷款 120 万元，期限 2 年，最多一个月的还款额只有 6.2 万元。

4. 从净资产角度考虑。从前面的分析看出，借款人的净资产为 460 万元，按贷款额度不超过净资产的 70% 计算是 322 万元，借款人申请 120 万元是低于这一金额的。

5. 从调整后的资产负债率角度考虑。调整后的资产负债率是 39.3%，是低于 70% 这一参考指标的，也是可接受的。

从上面五个方面分析，贷款金额 120 万元都在上述五个参考指标内，是可以接受的贷款金额。

假设借款人李先生申请的不是 120 万元的贷款，而是申请 300 万元的贷款，则超过了两年借款期限的利润（约 200 万元）；调整后的资产负债率为 71.4%，也超过了 70% 的参考指标。这样分析下来，借款人申请的贷款额度较高，是不可接受的，应将贷款额度控制在上述五项指标中的最低值以内，即 200 万元以内。

第十一章　贷款环境和行业分析

第一节　贷款环境分析

这里所讲的贷款环境是借款人所处的市场环境、经营环境、政治环境、金融环境等，也就是借款人所处的外部环境，外部环境或多或少会对借款人产生影响。我们要对外部环境对借款人本人以及贷款可能产生的影响进行分析，判断外部因素对贷款的风险影响有多大。

一、区域风险分析

区域风险是指受特定的自然、社会、经济和文化等因素影响，而使信贷资金遭受损失的可能性。分析一个特定区域的风险，关键是要判断信贷资金的安全会受到哪些因素的影响。我国是一个发展大国，区域经济发展很不平衡，各地区在经济、科技、教育、观念等方面都存着较大的差别，这些差别会直接或间接影响信贷风险。对于信贷调查人员来说，应重点关注对信贷风险影响程度高、关联性强的一些因素。

（一）区域自然条件分析

自然条件因素是区域经济发展的重要影响因素，分析其差异性有助于判断其对区域风险的影响，其中，影响较大的有自然资源、基础设施等。

借款人生产场所所在的区域自然资源丰富，所需原料充足，则对企业发展有利，风险较小；如所需原料匮乏，或从较远的地方运入，则可能导致企业生产不足或成本提高，风险较大。

优越的地理位置，如交通便利、接近原料产地和消费地区，能够减少原料、材料以及成品运输中的消耗，对企业的发展具有积极影响。

（二）区域产业结构分析

每个地区都有自己的产业结构和主导产业，如借款人企业与当地的产业结构协调性越强，与主导产业关联度越高，则对企业的发展越有利。

（三）区域市场化程度分析

通常，在市场化程度越高的情况下区域风险越低。良好的市场体系能产生正确的市场信号引导投资，引导企业管理经营活动，降低交易成本，提高投资效益，实现资源的优化配置。

（四）区域政府行为和政府信用分析

借款人的经营活动与当地政府密切相关的，政府的行为和政府的信用会对借款人的经营产生直接影响。

（五）区域的社会信用度分析

如果当地的社会信用度较高，人们的信用意识强，则会减小借款人违约的可能性。

（六）区域的消费爱好和消费层次分析

分析借款人所生产经营的产品是否被当地的消费者接受，是否符合当地消费习惯。

（七）生产经营场所分析

分析借款人的生产经营场地是否处在自然灾害，如洪水、泥石流的易发区域；是否是政府规划指定的或限制的生产经营场所；销售服务业经营口岸是否合适。

二、宏观经济周期风险分析

宏观经济周期是市场经济体制下经济增长速度或者其他经济活动自然的上升和下降。经济周期会影响企业的盈利能力和现金流。经济周期一般分五个阶段，包括顶峰、衰退、谷底、复苏、扩张。借款人企业与经济周期相关的则具有周期性，与经济周期无关的则为非周期性，在经济周期衰退阶段业务反而好过扩张阶段的为反周期性。

金融机构在分析经济周期对企业风险的影响时，首先，要判断此企业是周期性的、非周期性的，还是反周期性的，其次，判断周期对企业的销售、利润和现金流的影响程度。经济周期对企业销售、利润和现金流的影响越大，信用风险就越大。

三、法律法规及政策风险分析

政策法规主要包括防污控制、安全生产、水质、产品标准、价格控制、产业规划等。无论是国家性的还是地区性的政策法规都随时可能发生变化，这就在商业环境中制造了很大的不确定性和行业风险。借款企业受政策法规的影响程度决定了风险水平，企业受政策法规的影响越大，风险越大。

第二节　贷款行业分析

每个行业的经营方式和经营特点、存在的风险都是不相同的。评估人员要对每个行业的运行特点进行分析，在评估该行业贷款时，要针对该行业的特点和经营方式采取有针对性的评估方法。

一、行业风险分析

（一）行业成熟度分析

大多数行业的发展都会经历四个阶段，即初级阶段、成长阶段、成熟阶段、衰退阶段。每个阶段都有各自显著的特点。

1. 初级阶段。

（1）特点。处于启动阶段的行业一般是指刚刚形成的行业，或者是由于科学技术、消费者需求、产品成本或者其他方面的变化而使一些产品或服务成为潜在的商业机会。处于初级阶段的行业发展迅速，年增长率可达到100%以上，但是这些行业时刻处于变化之中，未来的状况非常难预测。企业将来获得成功的概率很难估算，所以这一阶段的资金应当主要来自企业所有者或风险投资者，而不应该来自金融机构。

销售：由于价格比较高，销售量小。

利润：因为销售量低而成本相对很高，利润一般为负值。

现金流：低销售，高投资和快速的资本成长需求造成现金流也为负值。

（2）风险分析。处于启动阶段的行业代表着很高风险，原因主要有三点：一是新兴行业，几乎没有与此相关的行业信息，也就很难分析其所面临的风险；二是行业面临很快而且难以预见的各种变化，使企业还款具有很大的不确定性；三是本行业的快速增长和投资需求将导致大量的现金需求，从而使一些企业可能在数年中都会拥有较弱的偿付能力。

2. 成长阶段。

（1）特点。产品已经形成一定的市场需求，相应的产品设计的技术问题已经得到有效解决，并广泛被市场接受；由于竞争和生产效率的增加，产品价格出现下降；产能需求确定并且已经投入了大量的投资来提高产能。行业在这个时候已经基本建立起来，而从事这些行业的企业和其商标也被大众所接受。但这个时候有很多企业可能因竞争失败而退出市场。

销售：产品价格下降的同时产品质量却取得了明显的提高，销售大幅增长。

利润：由于销售大幅提高、规模经济效应和生产效率的提升，利润转变为正值。

现金流：销售快速增长，规模扩大，现金需求增加，这一阶段的现金流仍然可能为负。

（2）风险分析。成长阶段的企业代表中等程度的风险，但这一阶段也同时拥有所有阶段中最大的机会，因为现金和资本需求非常大。由于行业发展变化仍然非常迅速，将会导致持续不断的不确定风险，很多企业将会在这一阶段失败，或者无法承受竞争压力而退出。这些原因说明发展阶段的企业信贷风险依然较大。要想确定潜在借款人是否有能力在这一阶段获得成功，细致的信贷分析是必不可少的，连续不断的销售增长和产品开发将会导致负的并且不稳定的经营现金流，从而引发偿付风险。

3. 成熟阶段。

（1）特点。处于成熟阶段的行业增长较为稳定。一个行业的成熟期有可能持续几年甚至几十年，然后会慢慢衰退。成熟期的产品和服务已经标准化，行业中的价格竞争非常激烈，新产品的出现速度非常缓慢。这一时期，多数产品要面对来自其他行业中替代品的竞争压力，这一行业中的很多企业可能会转移到其他行业。这一阶段，做好成本控制成为很多企业成功的关键。

销售：产品价格继续下跌，销售额增长速度开始放缓。产品更多倾向于特定的细分市场，产品推广成为影响销售的最主要因素。

利润：由于销售的持续上升加上成本控制，这一阶段利润达到最大化。

现金流：资产增长放缓，营业利润创造连续而稳定的现金增值，现金流最终变为正值。

（2）风险分析。成熟期代表最低的风险，因为这一阶段销售的波动性及不确定性都最小，而现金流最大，利润相对来说较稳定，并且已经有足够多的有效信息来分析行业风险。产品实现标准化并且被大众所接受。扰乱整个行业的因素并不常见，所以除了碰到一些特殊情况，这一行业的成功率相对较高。

4. 衰退阶段。

（1）特点。处于衰退阶段行业的共同点是销售额在很长时间内都是处于下降阶段。衰退初期，尽管销售额已经开始下降，但仍然处于较高的水平，并且利润和现金流都还为正值；随着销售额的不断下降，最终会使利润和现金流减小到非常低的水平甚至为负值。

销售：通常以较为平衡的速度下降，但在一些特殊行业中有可能出现快速下降。

利润：慢慢减少变为负值。

现金流：先是正值，然后慢慢减小。

（2）风险分析。处于衰退期的行业代表相对较高的风险。衰退行业仍然在创造利润和现金流，短期贷款对银行来说更容易把握也更安全。与处于发展阶段的企业分析相类似，对借款人能否继续获得成功是信贷分析的关键。

（二）行业内竞争程度分析

同一行业中的企业竞争程度在不同的行业中区别很大。处于竞争相对较弱的行业的企业短期内受到的威胁较小，反之则相反。竞争越大，企业的经营风险就越大，金融机构所承担的风险就越大。竞争程度的大小受很多因素的影响，其中最主要和最普遍的因素包括：

1. 行业分散和行业集中。行业分散是指一个行业拥有大量数目的竞争企业，这种行业竞争较激烈。而行业集中是指某一行业仅被数量很少的企业所控制，这种行业竞争程度较低。

2. 产品差异越小，竞争程度越大。

3. 市场成长越缓慢，竞争程度越大。

4. 退出市场的成本越高，竞争程度越大。

5. 在行业发展阶段后期，加入企业增多，竞争程度较大。

6. 在经济周期低点，企业之间的竞争程度达到最大。

（三）替代品潜在威胁分析

替代品是指来自其他行业或海外市场的产品，这些产品或者服务对需求和价格的影响越强，风险就越高；当新兴技术创造出替代品后，来自其他行业的替代品的竞争不仅会影响价格，还会影响消费者偏好。

（四）新商业模式的威胁

随着技术和时代的发展，会出现新的商业模式，这些新的商业模式更被人们接受，从而威胁到传统的商业模式和行业。

二、行业特点分析

这里所讲的行业特点主要指该行业的利润率情况、一般情况下有哪些费用支出、该行业最有可能出现的风险、资金周转特点和淡旺季等，根据这些特点确定在评估时主要的评估点有哪些、可采用的评估方法有哪些。

表 11-1 是一些常见的行业特点分析，表中的毛利润率、淡旺季等内容由于各地区的差异，可能存在一些不同，评估人员要根据自己所在地情况进行掌握。

表 11 - 1　　常见的行业特点分析

常见行业	毛利润率（批发行业较低，零售行业较高）	主要费用	存在的主要风险（针对该行业的特有风险）	关键评估点	可采用的评估方法	资金周转特点（指在正常的收款情况下。如应收账款的回收无规律则不适用）	主要淡旺季
农产品 粮食	3%~10%	运费、储藏费、租金、税费等	天气或因运输储藏不当易损坏严重，如腐烂、霉变等	销量、现金流量、库存情况	查看销售记录、往来账单、资金往来等；现场查看库存数量、存货质量，仓库环境状况	随销售资金持续流入，进货时资金定期流出	销售无明显淡旺季
水果	20%~50%	运费、冷藏费、包装损耗、租金、税费等	同上	同上	同上	在收购批发环节：收购时资金大量支出，销售时持续流入。零售环节：资金持续进货	批发：旺季1月、2月、8月、9月、10月、11月、12月，零售无明显淡旺季
蔬菜（贩运、市场内摊位）	20%~50%	运费、损耗、租金、税费等	蔬菜易腐烂、霉变等	销量、现金流量	查看销售记录、摊位位置是否好，所卖菜是否新鲜	由于蔬菜不能保存，随时进货，随时销售，资金是持续的进出	无明显淡旺季
农副产品（辣椒、花椒等收购、市场内销售）	20%~50%	运费、冷藏费、损耗、租金、税费等	天气或因运输储藏不当易损坏严重，如腐烂、霉变等	销量、现金流量、库存情况	查看销售记录、往来账单、资金往来等；现场查看库存数量、存货质量，仓库环境状况	在收购批发环节：收购时资金大量支出，销售时持续流入。零售环节：资金持续进货	批发：旺季1月、2月、8月、9月、10月、11月、12月，零售无明显淡旺季

续表

常见行业		毛利润率（批发行业较低，零售行业较高）	主要费用	存在的主要风险（针对该行业的特有风险）	关键评估点	可采用的评估方法	资金周转特点（指在正常的收款情况下。如应收账款的回收无规律则不适用）	主要淡旺季
农产品	肉	5%~15%	同上	因运输储藏不当常损严重，如腐烂、变质等	销量、现金流量	同上	随时进货，随时销售，资金是持续的进出	农历11月、12月、1月、2月销量增大，其他月份无明显淡旺季
	鲜活农产品（鱼、鸡、鸭等）	5%~20%	运费、损耗、租金、税费等	同上	同上	同上	同上	无明显淡旺季
	冷冻食品	5%~30%	运费、冷藏费、损耗、租金费等	同上	销量、现金流量、库存情况	同上	随销售时资金持续流入，进货时资金定期流出	同上
	种植业		种子、农药、化肥、人工、土地	受天气、气候影响大；市场价格波动频繁	借款人是否有相关种植技术，评估该植物产出时是否销路好，出产时间是否连续和还款时间是否一致，现金流量	了解借款人相关技术水平、了解行业情况、查看植物生长情况、分析现金流量	在植物生长期，资金持续不断投入，因需支出；在收获销售时资金流入	因所种植物不同而不同

续表

常见行业		毛利润率（批发行业较低，零售行业较高）	主要费用	存在的主要风险（针对该行业的特有风险）	关键评估点	可采用的评估方法	资金周转特点（指在正常的收款情况下。如应收账款的回收无规律则不适用）	主要淡旺季
农产品类	养殖业		幼畜、饲料、人工、场地	瘟疫风险；市场价格波动频繁	客户是否有相关养殖技术、评估该动物行业状况、是否有销路好，出产时间是否连续和还款时间是否一致、现金流量	了解借款人相关技术水平、了解行业情况、查看植物生长情况、分析现金流量	在动物生长期，因需不断的投入、资金持续支出；在收获销售时一支出。因此资金是持续的流入和支出	因所养动物不同而不同
副食类	副食批发	5%~20%	装修费、场地租金、人工、运费等	食品过保质期；食品卫生不达标；食品污染	销量、现金流量、所售产品是否被市场接受、有无过期产品、现金流量	查看销售记录、往来账单等、现金查看库存数量、质量，仓库存环境状况	因不断的销售而有收入，因不断的进货而有支出。因此资金是持续的流入和支出	无明显淡旺季
	饮料	3%~15%	场地租金、人工、运费等	超过保质期；卫生不达标；水污染；浓旺季明显	销量、现金流量、所售产品是否被市场接受、有无过期产品、浓旺季特点	同上	同上	旺季：5月、6月、7月、8月、9月、10月，淡季：1月、2月、3月、4月、11月、12月
	调味品	5%~20%	同上	超过保质期；卫生不达标毒变质烂变质	销量、现金流量、所售产品是否被市场接受、有无过期产品	同上	同上	无明显淡旺季

续表

常见行业	毛利润率（批发行业较低，零售行业较高）	主要费用	存在的主要风险（针对该行业的特有风险）	关键评估点	可采用的评估方法	资金周转特点（指在正常的情况下的收款。如应收账款的回收无规律则不适用）	主要淡旺季
烟草	10%	装修费、场地租金、人工	超过保质期	同上	同上	同上	同上
啤酒行业	5%~20%	税、营销费、场地租金、运费、储藏费等	超过保质期；卫生不达标；气候影响销量；淡旺季明显	销量、现金流量、所售产品是否被市场接受、有无过期产品、淡旺季特点	同上	同上	旺季：5月、6月、7月、8月、9月；淡季：1月、2月、3月、12月
白酒行业	50%~100%	同上	同上	同上	同上	同上	旺季：1月、2月、3月、12月，淡季：5月、6月、7月、8月、9月
副食超市	10%~20%	装修费、场地租金、人工、税费等	食品过保质期；食品卫生不达标	销量、现金流量、所售产品是否被市场接受、有无过期产品	同上	同上	无明显淡旺季
服装、床上用品	20%~50%	同上	服饰不符合流行趋势、款式落后，不新颖，受电商影响较大	销量、现金流量、所售产品是否被市场接受、门面位置是否好	查看销售记录、往来账单等；现场查看库存数量	同上	旺季：1月、2月、10月、11月、12月，淡季：7月、8月。

（左侧分类：副食类；日常用品）

续表

常见行业		毛利润率（批发行业较低，零售行业较高）	主要费用	存在的主要风险（针对该行业的特有风险）	关键评估点	可采用的评估方法	资金周转特点（指在正常的收款情况下。如应收账款的回收无规律则不适用）	主要淡旺季
日常用品	家具	20%～60%	同上	家具不符合流行趋势、款式落后，不新颖；运送时易损坏。	同上	同上	同上	
	家电行业	10%左右	装修费、场地租金、人工、运费、质量维修费，税费等	产品质量安全，受电商影响较大	同上	同上	同上	
	医药	10%～40%	装修费、场地租金、人工、运费、税费等	药品安全风险；药品过保质期	是否有经营资质、销量、场地位置是否好	查看经营资质、产品质量、查看销售记录、任来账单、资金任来等；现场查看库存存数量	同上	同上
	美容护肤产品	10%～30%	同上	产品质量安全	产品质量、销量、美容技术、经验	查看销售记录、任来账单、资金任来等；现场查看库存数量	同上	同上

续表

	常见行业	毛利润率（批发行业较低，零售行业较高）	主要费用	存在的主要风险（针对该行业的特有风险）	关键评估点	可采用的评估方法	资金周转特点（指在正常的情况下。如应收账款的回收无规律则不适用）	主要淡旺季
日常用品	清洁纸品、清洁用品	10%~20%	同上		销量、现金流量、库存情况	同上	同上	同上
	文教体育用品	10%~30%	同上		同上	同上	同上	旺季：3月、4月、9月、10月
	摩托车	5%~20%	场地租金、人工、运费、税费等	产品质量安全	同上	同上	同上	10月、11月、12月、1月、2月是淡季。
	杂货	10%~20%	店面租金、人工、税费等		同上	查看销售记录，资金往来等；现场查看库存数量	同上	无明显淡旺季
	计算机及耗材	5%~30%	场地租金、人工、运费、税费等	实体店受电商影响较大	同上	查看销售记录，资金往来等；现场查看库存数量	同上	同上

续表

常见行业		毛利润率（批发行业较低，零售行业较高）	主要费用	存在的主要风险（针对该行业特有风险）	关键评估点	可采用的评估方法	资金周转特点（指在正常的收款情况下，如应收账款的回收无规律则不适用）	主要涨跌旺季
交通运输业	货运	60%左右	车辆折旧费、维修、保险、税、挂靠费等	事故风险高；工程车收款难度大	车辆价值、货运来源，手续是否齐全，收款情况	查看购车发票、挂靠协议、保险、及其车辆相关证件；了解运输情况及资金状况	全款购车时大额资金一次支付，运营时持续支付费用；按揭购车时支付一定资金，运营时持续资金流入，持续支付费用和按揭款。	3月、4月、5月、6月、7月、8月相对较淡
	客运	60%左右	同上	事故风险大	车辆价值、客运路线，手续是否齐全，收款情况	同上	同上	淡季：3月、4月、5月、6月；旺季：1月、2月、7月、8月、9月
	出租车	经营权出租每辆每月5000元左右，承包者每月收入2000~5000元		事故风险大，受网络约车影响大	车辆价值，手续是否齐全	查看购车发票、挂靠协议、保险、及其车辆相关证件情况及资金状况	同上	无明显涨跌旺季

续表

常见行业		毛利润率（批发行业较低，零售行业较高）	主要费用	存在的主要风险（针对该行业的特有风险）	关键评估点	可采用的评估方法	资金周转特点（指在正常的收款情况下。如应收账款的回收无规律则不适用）	主要淡旺季
交通运输业	车辆挂靠公司	平均每辆车每年可收入2000元左右		事故风险高；垫支大	挂靠车辆的数量、收入来源构成、手续是否齐全	查看道路运输许可证等证照是否齐全，查看挂靠车辆台账，分析收入构成是否合理。	不断有挂靠费收入，同时不断支付挂靠车辆的各项费用，资金是持续的收入和支出	同上
	汽车销售	平均5%左右，各车系差异较大	装修费、人工、场地租金、税费、水电等		销量、现金流量	查看销售记录、往来账单，资金往来等；现场查看库存数量	因不断销售而收入，因不断进货而支出。因此资金是持续的流入和支出	同上
	车辆维修	10%～30%	场地租金、人工、税水电等	维修安全风险大	维修营业额、维修资质	查看维修证件，查看维修单据、记录，计算营业额、查看现金流情况	随维修不断有资金流入，随时支付配件款及费用而发生支出	同上
服务业	餐饮业	40%～60%	装修费折旧、店面租金、人工、水电税费等	食品卫生不达标；味道差	是否有卫生许可，经营时间长短，顾客评价、营业额	查看相关证件，了解顾客评价、查看账单记录，分析现金流等	在开始时因装修有大额的资金支出，在营业时有持续的资金流入，因费用而持续的资金支出	火锅类餐饮6月、7月、8月、9月相对要浓一些，1月、2月、12月较旺；中餐类餐饮春节前后最旺

续表

常见行业	毛利润率（批发行业较低，零售行业较高）	主要费用	存在的主要风险（针对该行业的特有风险）	关键评估点	可采用的评估方法	资金周转特点（指在正常的情况下。如应收账款的回收无规律则不适用）	主要淡旺季
服务业　旅店业	毛利润率70%以上	同上	消防安全风险高	是否有卫生消防许可，房间数量，经营收入、现金流量	查看相关证件及房间数量，查看账单记录等，分析现金流	同上	无明显淡旺季
美容美发	50%～80%	同上		经营持续时间，投资规模，顾客评价，月营业收入，现金流量等	查看相关证照和资料分析经营时间，了解顾客评价、现场查看经营情况，查看账单记录和银行账单	同上	同上
茶楼	毛利润率70%以上	同上		经营持续时间，投资规模，是否严重涉赌，月营业收入，现金流量等	查看相关证照和资料分析经营时间，向相关部门了解有无违规经营，现场查看经营情况，查看账单记录	同上	同上

续表

常见行业		毛利润率（批发行业较低，零售行业较高）	主要费用	存在的主要风险（针对该行业的特有风险）	关键评估点	可采用的评估方法	资金周转特点（指在正常的情况下。如应收账款的回收无规律则不适用）	主要淡旺季
服务业	房屋中介	租房佣金按每次月租的一半至全额收取；交易佣金按交易额的1%~2%收取		受房产市场影响较大	宏观市场环境、政策，月交易量和佣金收入、现金流量等	了解和分析相关政策和市场环境，查看交易记录分析佣金收入情况，分析对账单银行对账单	资金持续的流入和支出。如涉及炒房资金流向不规律	受国家政策影响而不同，一般情况下1月、2月、3月是淡季
建材行业	瓷砖类	10%~40%	店面装修折旧，租金、人工、运费、储藏费、损耗、税费等	运送中损耗大	经营规模、进货渠道，存货量，应收款，月销售额，现金流量等	现场查看投资规模、库存量，查看合同，分析代理收款情况，查看供货商的对账单与客户的订单分析销售量，分析银行对账单	因不断销售而收入，因不断进货而支出，因此资金是持续的流入和支出	淡季：1月、2月、3月、7月、8月；旺季：4月、5月、9月、10月、11月、12月
	门	10%~50%	同上		同上	同上	同上	同上
	木地板	10%~40%	同上		同上	同上	同上	同上
	卫浴	15%~50%	同上	运送中损耗大	同上	同上	同上	同上

续表

常见行业		毛利润率（批发行业较低，零售行业较高）	主要费用	存在的主要风险（针对该行业的特有风险）	关键评估点	可采用的评估方法	资金周转特点（指在正常情况下的收款。如应收账款的回收无规律则不适用）	主要淡旺季
建材行业	五金	15%~40%	租金、人工、税费等		同上	同上	同上	无明显淡旺季
	管材	10%~30%	租金、人工、运费、储藏费等		同上	同上	同上	同上
	砖（生产）	5%~15%	成本有煤电税人工等；费用均为场地租金、砖坯、器器设备折旧等	生产安全风险高；质量问题、收款难度大	相关证照是否齐全，投资生产规模、月用电量、生产量、应收账款及收款方式、现金流量等	查看相关证照是否齐全、现场查看生产情况和生产量，根据用电量和销售记录分析销售量，根据银行对账单分析应收账款情况和资金状况	因不断销售而收入，不断有成本和费用支出	同上
其他	广告	20%~50%	成本有制作材料、人工、安装等；费用为场地租金、管理人员工资、社交费用等	收款难度大	设备投资规模、是否有专业的设计团队、是否有长期稳定的顾客、应收账款是否及时、月营业额、现金流量等	查看现场设备情况、设计人员的资质及能力，查看长期的合作合同，查看相关经营记录和银行账单	随营业有持续的资金流入，因费用支出而持续的资金支出	节假日前较旺，其他时间无明显淡旺季

续表

常见行业		毛利润率（批发行业，零售行业较高）	主要费用	存在的主要风险（针对该行业的特有风险）	关键评估点	可采用的评估方法	资金周转特点（指在正常的收款情况下。如应收账款的回收无规律则不适用）	主要淡旺季
其他	废旧回收	10%~40%	成本就是其收购成本；费用是运费、储藏费等		特种行业经营许可证照是否齐全、存货量、月收购量和销售量、应收款额及收款方式、现金流量等	查看相关许可证照是否齐全、查看存货量、根据月记录分析月收购量和销售量，向其客户了解应收款额及收款方式，分析现金流量等	在平时收购废品时，卖出资金持续流入，废品收购时定期资金流入	无明显淡旺季
	工程机械租赁	月租金收入约为机械价值的1/36~1/25		安全风险高；收款难度大	工程机械设备的价值，有无按揭贷款及还款情况，设备现在的运行情况，月租金收入和收款情况	查看工程机械设备购买合同和相关证件，计算按揭贷款情况，查看出租合同，月租金市场查看机械设备的运行情况，分析现金流入情况	全款购入机械时大额资金一次支付，运营时资金持续流入和持续支付费用；按揭购机械时支付一定资金，运营时资金持续流入，持续支付费用和按揭款	同上
	装饰装修	20%~40%	成本是装修材料、人工等；费用是社交、税费等	收款难度大	合同的付款条件与实际的现金流情况	工地实地查看；分析存包含合同；了解业主方；分析现金流	随营业有持续的资金流入，因费用而持续的资金支出	淡季：1月、2月、3月、7月、8月；旺季：4月、5月、9月、10月、11月、12月

续表

常见行业		毛利润率（批发行业、零售行业较高）	主要费用	存在的主要风险（针对该行业的特有风险）	关键评估点	可采用的评估方法	资金周转特点（指在正常情况下。如应收款的回收无规律则不适用）	主要淡旺季
其他	工程施工	20%～40%	成本是工程材料、人工等；费用是社交、设备租金或折旧、税费等	受用电行业影响较大	工程情况与客户的资质；合同的付款条件与客户的现金流情况；业主的实力；承包方在工程中的地位、承包方式等	同上	在平时工程施工时，资金持续的流出，到工程结算时定期资金流入	无明显淡旺季
	制造业	10%～20%	成本为原材料、人工、电等；费用为场地租金、机器设备折旧、管理人员工资	生产安全风险高；质量问题；收款难度大	客户是否有相关生产许可、股权结构、生产技术工艺设备是否成熟先进、原料来源是否有保障、产品是否有销售前景、生产管理状况、月生产量、存货、资金状况，经营策略和发展方向是否合理等	查看客户的相关证件、生产现场、了解设备运行情况、了解其原料和产品的市场供需情况，分析该行业的前景，根据能源和原料的消耗量分析生产量，查看相关资料分析销售量，查看应收存货情况、资金状况，根据现金流分析资金状况，向上游供货商和下游客户了解相关情况	因不断的销售而收入，不断的成本费用支出	同上

第十二章 贷后管理

贷后管理是非常重要的贷款管理工作，小额贷款机构不能重贷款发放，而轻贷后管理。良好的贷后管理是及时发现风险和化解风险的重要保障，因此应高度重视贷后管理工作。贷后管理的内容主要有对借款人的监控、发现风险后的处理、贷款的回收、逾期贷款的处理、贷款的催收等。

第一节 对借款人的贷后监控

评估人员在进行贷后检查时，一定要有良好的观察能力，力求对借款人进行全面广泛的了解。既要关注借款人在日常的经营活动中是否出现经营情况下滑和不讲信用的行为，是否出现隐瞒经营情况的行为及其他各种异常情况，又要对异常情况进行调查和分析，找出问题的根源。

一、贷后监控的步骤

（一）放款后，至少在一周内对借款人进行回访，了解和检查贷款是否用于贷款合同规定的用途，了解借款人和借款人企业与贷款前有无明显异常变化。

（二）根据贷款金额和风险的大小，确定对借款人常规回访的频率，或是每个月一次，或是每两个月一次，或是每季度一次。主要了解借款人情况、经营管理情况、财务状况、负债变化情况等。可通过到现场查看、与有关人员进行沟通等方式进行。

（三）对借款人进行全面评审，即像放款前的调查评估一样，对借款人进行一次全面的评估。评审可定期进行，也可根据在常规监控中发现的问题的严重性确定是否进行贷后评审。

二、贷后监控的内容

（一）对借款人品质的监控

借款人在贷款前接触信贷人员时，其行为举止可能会收敛，不会暴露自己的缺点。当贷到款后，在进行较长的时间接触后，借款人的一些不好行为可能会显现出来。当出现下列情况时，要引起高度重视，必要时，要采取相应的措施。

1. 借款人频繁更换住所，且都不通知债权人，或隐瞒自己的居住地。
2. 借款人行为发生变化，如借款人品位低下，缺乏修养。
3. 借款人染上不良嗜好，如吸毒、赌博等。
4. 还款意愿出现变化，经常拖欠到期债务，甚至出现恶意赖账行为。
5. 借款人家庭、婚姻发生变化，如与配偶有严重纠纷或已离异。
6. 借款人身体健康状况恶化，如借款人行为发生变化，失踪、患重大疾病或死亡。

（二）对借款人经营状况的监控

借款人经营情况的好坏直接影响到其业务收入、利润、现金流等，也就直接影响其还款能力。在贷后检查中，对其经营情况要关注以下方面。

1. 借款人的经营策略发生变化，如业务性质、经营目标或习惯做法改变，兼营不熟悉的业务、新的业务或在不熟悉的地区开展业务。
2. 借款人不能适应外部经营环境的变化，如不能适应市场变化或客户需求的变化。
3. 借款人经营能力下降，如持有一笔大额订单，不能较好地履行合约，
4. 对存货、生产和销售的控制力下降。
5. 借款人的上下游客户情况发生变化。如对一些客户和供应商过分依赖，可能引起巨大的损失。
6. 购货商减少采购，流失一大批财力雄厚的客户等。
7. 借款人供应链出现问题，如供应商不再供货或减少授信额度。
8. 借款人经营场地发生变化、租用场地情况发生变化，如借款人的经营地点发生不利的变化，分支机构分布不合理。

9. 借款人所处行业发生变化，借款人对环境和行业的变化反应迟缓。

10. 借款人的原料或产品的库存情况恶化，如产品积压、存货周转率下降。

11. 经营活动发生显著变化，出现停产、半停产或经营停止状态。

12. 借款人产品质量和服务水平出现下降。

13. 主要生产用机器设备发生变化，如厂房和设备未得到很好的维护，设备损坏严重，缺乏关键的产品生产设备等。

（三）对借款人管理状况的监控

在贷后检查中，要关注借款人企业股东的变化、管理人员和员工的变化，管理方式的变化，以及管理工作中的变化等。

1. 主要管理人员或主要决策者思想变得极为冒进和保守。

2. 借款人企业股权发生了不利于借款人的变化，如股权减少、失去主要控制人资格、实际控制力被削弱等。

3. 借款人的主要股东、关联企业或母子企业等发生重大的不利变化。

4. 合伙企业中股东不团结，股东之间出现严重的争论和分歧。各管理部门矛盾尖锐、互相不配合，管理层素质低下，缺乏修养。

5. 借款人陷入重大诉讼纠纷，无法正常履行职责。

6. 管理人员薄弱，借款人企业员工不足或更新过快。

7. 经营控制和管理出现混乱。

8. 被政府有关部门责令停业或关闭。

（四）对借款人财务状况的监控

财务状况的恶化已经表明借款人的还款能力出现了问题，贷款风险加大。在贷后的管理检查中，要重点关注以下情况。

1. 借款人不能按期归还每期应还的贷款本金及利息。

2. 借款人不能归还的贷款本金及利息拖欠达 30 天以上。

3. 流动资产占总资产比重下降。

4. 出售、变卖主要的生产性、经营性固定资产。

5. 遇到台风、火灾、洪水等严重自然灾害，有重大损失。

6. 借款人出现严重亏损。

7. 应收账款异常增加，应付发生大量拖欠。

8. 银行账户管理混乱，到期票据无力支付。

9. 借款人企业销售额下降，成本提高，收益减少，经营出现亏损。

10. 财务管理和账务记录出现混乱。

（五）对借款人债务状况的监控

借款人债务的急剧增加意味着其还款压力增大，最后可能因过度负债而无力偿还导致破产。在贷后检查中要高度关注借款人债务的变化。

1. 负债结构出现了不合理情形，如短期负债增加不当，长期负债大量增加，债务超过了借款人的合理支付能力。

2. 新增银行或大量民间外债，或对其他债权人的债务出现了严重的拖欠。

3. 借款人为其他人承担了连带责任担保。

4. 对短期贷款依赖较多，要求贷款展期。

5. 到期债务的还款来源没有落实，或将还款资金挪用，或还款资金为非销售回款。

6. 借款人有抽逃资金和转移资产的迹象，并四处寻求贷款。

（六）对借款人现金流的监控

在贷后的检查中，要求借款人定期提供银行对账单，分析借款人的现金流情况和经营情况，并对异常的资金交易行为进行调查分析。

1. 借款人现金流入量持续减少，资金到账后随即被支出。

2. 借款人在银行账户的存款余额出现较大幅度的下降。

3. 在多家银行开户，或申请过多的信用卡，且有大量的信用卡透支。

（七）对保证人的监控

贷款机构在贷后检查中，要特别注意保证的有效性，并在保证期间内向保证人主张权利。对保证人的监控要注意以下几个方面。

1. 保证人的性质是否发生变化，其保证资格是否丧失。

2. 借款人与保证人之间是否相互担保或连环担保，在多家贷款机构寻求贷款。

3. 保证人的保证实力是否发生变化。如贷后保证人的财务状况恶化，如现金流量、或有负债等情况的变化直接影响其担保能力。

4. 保证人的保证意愿是否出现改变的迹象。如保证人与借款人的关系出现变化，保证人是否出现试图撤销或更改担保的情况。

（八）对抵押物、质押物的监控

在贷后检查中，要对抵（质）押物定期检查其完整性和价值变化的情况，防止所有权人在未经债权人同意的情况下擅自处理抵（质）押物。主要检查以下一些内容。

1. 抵（质）押物价值的变化情况，如抵（质）押物价值的非正常减少。

2. 抵（质）押物是否被妥善保管。

3. 抵（质）押人将抵（质）押物变卖出售或部分被变卖出售。

4. 抵（质）押物保险到期后是否及时续投保险。

5. 抵（质）押物是否被转移至不利于贷款机构监控的地方。

第二节　贷后风险的处理

在贷后检查中发现的贷款风险，要及时采取措施进行处理和化解。根据风险的性质和大小，采取相应的风险处置措施。

一、列入重点关注对象

借款人的经营活动正常，但品质出现不良表现，其营业销售收入、经营收益、现金流、资产实力有明显下降，但不足以影响还款能力的，要对出现这类现象的借款人进行重点关注，看情况是否会继续恶化。

二、向借款人提出积极建议

当借款人的管理能力下降，管理不到位，或管理出现偏差失误，或经营判断不当，如产品单一、技术落后、不适应市场需求、生产经营或账务混乱、安全消防管理差等，对出现这样的情况要向借款人指出，并对其提供一些改善建议。

三、向借款人提出重要提醒或警示

当借款人出现严重的不良嗜好、进行违法违规经营、经营行为出现极端冒进情况时，借款人资产很可能会严重受损，对贷款构成威胁。出现这种情况时，要对借款人进行提醒和警示，要求其认识到这种不当行为可能会带来的严重后果。如借款人一意孤行，则明确告知不会再提供贷款，且已发放的贷款要求提前收回。

四、要求借款人限期纠正违约行为

当借款人贷款后，未按借款合同约定的贷款用途使用贷款，或未能按时归还当期贷款利息，以及其他违约行为，要求借款人限期纠正违约行为，如不纠正，不再提供新的贷款，且已发放的贷款要求提前收回。

五、要求增加担保措施

当借款人经营情况严重恶化，收入、利润、现金流、资产等严重下降以致影响还款能力，新增大量负债威胁到贷款安全时，则要求借款人增加担保措施，如要求提供保证担保或抵押、质押担保。

六、行业内通报

当发现借款人在恶意融资，向多家金融机构申请贷款，或借款人与保证人串通，相互担保或连环担保在多家金融机构申请贷款，一方面要求借款人停止这种不当行为，另一方面向当地所有的贷款机构对借款人的行为进行通报。

七、提前收回贷款

对借款人严重的违约行为、违法违规经营行为、出现极端冒进经营策略而不听建议，以及出现其他可能会对贷款安全构成实质性损害的行为时，贷款机构应提前收回贷款。

第三节　贷款到期的处理

一、贷款正常收回

如果贷款一切正常，在还款过程中一般经过以下程序。

（一）到期前通知客户还款

在贷款到期前，贷款机构应向借款人发出贷款到期通知书，告知借款人准备资金，在贷款到期时按时还款。一般情况下，中长期贷款应在贷款到期一个月前、短期贷款在贷款到期一周前、按期还款的贷款在每期还款日三天前，向借款人发出还本付息通知单。还本付息通知单应包括的内容有还本付息的日期、当期贷款余额、本次还本金额和付息金额，以及计息的利率、计息天数等。

（二）贷款收回

借款人在接到贷款机构的还本付息通知单后，应立即着手准备资金按时归还贷款。借款人将应归还的贷款本金、利息及其他费用支付给贷款机构后，贷款机构向借款人出具贷款收据，表明当期贷款已完结。如全部贷款已归还，则借款合同终止，借贷关系解除。

（三）逾期贷款催收通知

在还本付息当天营业终止前，借款人未向贷款机构还本付息的，该笔贷款即为逾期贷款。对逾期贷款要及时向借款人发送逾期贷款催收通知书，同时，及时联系借款人，了解逾期情况，要求借款人及时还款。必要时，要及时上门与借款人见面沟通。如果借款人已无还款能力或无还款意愿，应立即进入贷款清收程序。

二、贷款的展期

如果借款人不能按期归还贷款，由借款人提出申请，经贷款机构审查同意，有限期地延长借款人的还款期限，这种行为就是贷款展期。

（一）贷款展期的条件

1. 借款人申请。借款人不能按期归还贷款的，应当在贷款到期日之前，向贷款机构申请贷款展期。贷款展期申请的内容包括展期理由、展期期限、展期后的还本付息计划以及拟采取的补救措施。如果是合伙企业或股份制企业，应提供股东会或董事会关于申请贷款展期的决议文件或其他有效的授权文件。

2. 担保人同意。如果是担保贷款，应当由保证人、抵押人或质押人同意，并出具书面的同意展期文件。如担保人是合伙企业或股份制企业，应提供股东会或董事会关于同意所担保贷款展期的决议文件或其他有效的授权文件。

3. 借款机构审查同意。借款人提出贷款展期申请，表明借款人在该笔贷款的偿还上存在某些问题。因此，当借款人提出展期申请后，贷款机构要立即展开对借款人进行重新的调查评估，分析借款人不能按时归还贷款的原因。

如果确实因借款人短期的经营周转困难，资金出现临时紧张的，展期理由合理，可准予展期。

如果借款人现在经营正常，资金充足，有能力还款而申请展期，展期理由不成立，则不准予展期，应立即要求借款人还款，因为在这种情况下要防止借款人挪用还款资金或其他目的，给贷款带来风险。如果经评估分析后认为，借款人的经营情况严重恶化，其持续经营能力受到质疑，资产实力和收益能力出现了持续地不可逆地下降，即使在展期后，也无法按时归还贷款，应不准予贷款展期，应进入贷款清收程序。

（二）贷款展期的办理

在评估借款人的经营收入能力、资产实力等情况后，预计借款人资金的回笼时间，确定贷款展期的期限。展期期限过短，还是可能会造成借款人不能按时归还的问题，如果展期期限过长，会增加贷款风险。一般情况下，长期贷款展期期限不超过3年，中期贷款展期期限不超过原贷款期限的一半，短期贷款展期期限不超过原贷款期限，按期还本付息的贷款展期期限不超过下一期还款日。

（三）贷款展期的风险

1. 借款人提出贷款展期申请，表明借款人还款出现了问题，贷款机构要立即对借款人进行全面的调查评估，弄清借款人不能按时还款的原因，审慎作出是否批准展期的决定。要防止借款人有能力还款而故意拖延的风险。预计展期后仍无还款能力的借款人要立即采取相应的清收措施，防止情况继续恶化增大收款的难度。

2. 如果在有多笔债务的情况下，其他债务都以借款人的资产进行了抵押担保，由于借款人还款出现了困难，其他债务人就有可能直接处置抵押物还款，借款人的资产和还款能力会大幅度下降，偿还信用贷款的可能性会大大降低，因此对于信用贷款申请展期的，应与借款人加强沟通，尽量要求在提供担保措施的基础上进行贷款展期，否则，应采取措施将贷款及时收回。

3. 对于保证担保贷款的展期，贷款机构要重新评估确认保证人的担保资格和担保能力。借款人申请贷款展期必须要有保证人的书面同意，担保金额为借款人在整个贷款期内应偿还的本息和费用之和，包括增加的利息，并且保证期间延长至贷款展期后的到期日。要防止在保证人没有书面同意情况下的展期，展期后保证人拒绝承担保证责任的风险。

4. 对于抵押贷款的展期，应与抵押人续签抵押合同，抵押贷款展期后，贷款机构要求借款人及时到有关部门办理续期登记手续，使抵押合同保持合法性和有效性，否则抵押合同将失去法律效力。对抵押物进行跟踪检查，监管借款人对抵押物的管理，防止抵押物被变卖、转移和重复抵押。同时要对抵押物进行价值评估，确保贷款展期后，贷款本金及产生的利息费用合计在抵押物价值内，防止出现抵押物不足值的风险。

三、贷款的重组

贷款到期，借款人不能偿还贷款或只偿还了部分贷款本息，经借款人申请，就未归还的贷款本息，贷款机构和借款人重新签订借款合同，形成一笔新的贷款，确定新的还款时间和还款方式。这就是贷款的重组。

（一）贷款重组的条件

1. 借款人申请。借款人不能按期归还剩余贷款本息的，应当在贷款下一期还款日之前，向贷款机构申请贷款重组。贷款重组申请的内容包括重组理由、重组期限，以及重组后的还本付息计划、拟采取的补救措施。如果是合伙企业或股份制企业，应提供股东会或董事会关于申请贷款重组的决议文件或其他有效的授权文件。

2. 担保人同意。如果是担保贷款重组，应当由保证人、抵押人或质押人同意，并出具书面的同意重组文件，由于需重新签订借款合同，相应的贷款机构要与担保人就重组后的贷款重新签订保证合同或抵押合同。如担保人是合伙企业或股份制企业，应提供股东大会或董事会关于同意所担保贷款重组的决议文件或其他有效的授权文件。

3. 借款机构审查同意。借款人提出贷款重组申请，表明借款人在该笔贷款的偿还上存在某些问题。因此，当借款人提出重组申请后，贷款机构要立即展开对借款人进行重新调查评估，分析借款人不能继续归还贷款的原因。

如果确实因借款人经营周转困难，收入减少，现金流下降，但仍能持续经营，重组理由合理，可准予重组。

如果借款人现在经营正常，资金充足，有能力还款而申请重组，重组理由不成立，则不准予重组，应立即要求借款人还款，因为在这种情况下要防止借款人挪用还款资金或用于其他目的，给贷款带来风险。如果经评估分析后认为，借款人的经营情况严重恶化，其持续经营能力受到质疑，资产实力和收益能力出现了持续地不可逆地下降，即使在重组后，也无法时归还贷款，则不准予贷款重组，应进入贷款清收程序。

（二）贷款重组的办理

在评估了借款人的经营收入能力、资产实力等情况后，预计借款人资金的回笼时间和金额，确定贷款重组的期限和还款方式。新的贷款期限和还款方式要与借款人现在收入和现金流相适应。

（三）贷款重组的风险

1. 借款人提出贷款重组申请，表明借款人还款出现了问题，贷款机构要立即对借款人进行全面的调查评估，弄清借款人不能还款的原因，审慎作出是否批准重组的决定。要防止借款人有能力还款而故意拖延的风险。

预计对重组后仍无还款能力的借款人要立即采取相应的清收措施，防止情况继续恶化后增大收款的难度。

2. 如果在有多笔债务的情况下，其他债务都以借款人的资产进行了抵押担保，由于借款人还款出现了困难，其他债务人就有可能直接处置抵押物还款，借款人的资产和还款能力会大幅度下降，偿还信用贷款的可能性会大大降低，因此对于信用贷款申请重组的，应与借款人加强沟通，尽量要求在提供担保措施的基础上进行贷款重组，否则，应采取相应的措施将贷款收回。

3. 对于保证担保贷款的重组，贷款机构要重新评估确认保证人的担保资格和担保能力。借款人申请贷款重组必须要有保证人的书面同意，贷款机构要与保证人重新签订保证合同。担保金额为借款人在整个新贷款期内应偿还的本息和费用之和。要防止在保证人没有书面同意情况下的重组或没有重新与保证人签订保证合同，重组后保证人拒绝承担保证责任的风险。

4. 对于抵押贷款的重组，应与抵押人重新签订抵押合同，重新签订抵押合同后，贷款机构要求借款人及时到有关部门办理抵押登记手续，使抵押合同保持合法性和有效性，否则抵押合同将失去法律效力。对抵押物进行跟踪检查，监管借款人对抵押物的管理，防止抵押物被变卖、转移和重复抵押。同时要对抵押物进行价值评估，确保贷款重组后，贷款本金及产生的利息费用合计在抵押物价值内，防止出现抵押物不足值的风险。

第四节　贷款的催收

在贷款期间，借款人突然消失或死亡，或出现其他使借款合同终止需提前收回贷款的情形，贷款到期后，借款人不归还贷款，或无偿还能力，又不符合贷款展期和重组条件的，这时，就需要对贷款进行催收。贷款的催收是一项技巧性强、复杂、艰苦而又很考验催收人员的工作。

一、贷款催收工作的组织

（一）要有专门的催收部门负责

贷款机构应成立专门从事贷款催收业务的部门，对收回难度大、需重点跟踪的逾期贷款交由催收部门负责催收。如果没有专门的催收部门，由业务部门负责催收，由于既要负责业务的开拓，又要负责催收就会分散精力，两项工作都做不好，有时会耽误最佳的催收时机。

（二）要有专业的人员负责

催收人员在催收过程中，会遇到各种各样的问题，会与不同的人打交道，要成为一名经验丰富的催收人员，应具备以下素质。

1. 要有分析判断能力。当接触到一个催收案件时，催收人员要能判断出贷款拖欠的原因，关键问题是什么，如何从哪些方面着手开展工作，要找哪些人员等。这些需要催收人员进行缜密的分析和判断，没有一定的分析判断能力是做不好这项工作的。

2. 要有较丰富的法律知识。在催收贷款时要依法催收，催收和诉讼过程中会遇到很多法律方面的事务，因此，催收人员一定要有相关的法律知识，如要掌握《中华人民共和国担保法》《中华人民共和国民法》《中华人民共和国物权法》《中华人民共和国公司法》《中华人民共和国合同法》《中华人民共和国婚姻法》等相应的法律法规。

3. 要有很强的沟通技巧和谈判能力。由于催收人员要与借款人相关的人员接触，包括借款人及其家庭成员、担保人、抵押人等，这些人会找各种理由来推诿自己的责任，沟通交流起来会很困难，因此就需要催收人员要有很强的沟通技巧和谈判能力，来说服这些人履行自己的还款责任。

二、借款人拖欠贷款的原因分析及催收措施

一般情况下，当借款人不能按时还款时，如果是保证担保贷款，可直接要求保证人承担还款责任；如是抵押贷款，贷款机构可直接通过法律程序处理抵押物偿还贷款，如果是质押贷款，可依法处理质押物偿还贷款，这三种方式的贷款处理起来相对简单容易。但如果是信用贷款，催收起来情况则要复杂很多。下面就信用贷款的催收分不同情况进行介绍。

（一）借款人有还款能力，但信用观念不强，每到还款期不主动还款

对于这样的借款人，可通过以下措施对借款人进行纠正：

1. 在每期还款前，提前通知借款人还款事宜，要求他尽早安排资金。

2. 对借款人进行信用观念教育。要告知借款人信用记录的重要性，如不保持好信用记录，今后无论是贷款或商业贸易，都会面临很大的障碍，要求他重视信用记录。

3、对其逾期贷款规定较高的罚息，让借款人知道如发生拖欠会付出很大的成本。

（二）借款人暂时资金不到位，在还款时资金不足，而出于其他原因又不能进行展期处理

对于这种情况，要时刻关注其经营情况，对其资金进行监控，一旦发现借款人的资金到位就应督促其立即归还。

（三）借款人有还款意愿，但还款能力严重下降，利润大幅降低或无利润，现金流萎缩，仅凭经营收入偿还贷款已很困难，这种现象是持续的且不可逆转

在这种情况下，要求借款人将利用率低的资产或全部资产进行处理，用于归还贷款，仍不能归还的，看其家庭财产中有无可用于还款的资产，或借款人能否通过其他渠道融资还款。如果还是不能还完的，要完善贷款相关的诉讼时效手续，保持贷款的诉讼时效，待借款人以后具有还款能力时再追索。

经评估，如果再给予一笔贷款的救助资金能使借款人恢复正常生产经营和还款能力，在把控好风险的前提下可以向借款人再提供一笔贷款，让其恢复生产经营，但要严格做好监管工作。

（四）借款人突然遭遇重大损失，如发生火灾、地震、洪水、被盗被抢等

如果资产遭受重大损失，已彻底丧失了生产能力，无法恢复正常经营生产。在这种情况下，通过处置借款人现有资产用于偿还贷款，有保险赔偿金的，可要求借款人用保险赔偿金偿还贷款。

如果借款人遭受重大损失，但能够继续维持生产经营，但目前还款有困难的，可考虑给予贷款展期或重组，给借款人的还款一定的宽限期。

如果借款人遭受重大损失，相关生产设备和生产场地严重受损，但人

员和相关的技术稳定，只要购置设备和修复场地就能恢复经营生产，又需要一笔资金，在这种情况下可考虑再给予一笔贷款的救助资金，让其恢复生产、经营能力。同时给借款人的前一笔贷款一定的还款宽限期。

（五）借款人经营项目停止，或借款人转行经营其他项目

借款人无论是转行或停止经营，对于信用贷款来讲都有可能会面临很大风险。如果是停止经营，则意味着借款人没有了收入来源，不再有能力还款；如果转行经营新的项目，由于才开始经营，收益不确定，还款无保障。在这种情况下，要求借款人将停止项目的资产处置后优先用于归还贷款。如果在增加了可靠的担保条件的前提下，可让将其资金转投其他项目。

（六）借款人负债过高，已资不抵债，且大多债务已到期

在这种情况下，其他债权人会向借款人逼债，在各方不能达成和解的情况下，都会想办法控制借款人的资产。同样，由于借款人已无力偿还全部债务，贷款机构为了减少贷款损失，也要第一时间控制借款人的资产，采取诉讼保全措施。这种情况下采取措施一定要快，抢在其他债权人前面就能掌握主动，因为根据相关法律规定，同一财产先诉讼保全的先受偿。

（七）借款人遭受严重疾病、不能自理或死亡

出现这种情况时，要立即与财产继承人或财产的实际控制人进行谈判，要求其承担债务。如果财产继承人或财产的实际控制人愿意承担债务，则应签订债务承担协议。如财产继承人或财产的实际控制人不愿承担债务，应迅速向法院申请财产诉讼保全，通过法律程序依法收回贷款。

对于这种情况，贷款机构在评估贷款时，和出现这种情况后处理问题时，一定要弄清借款人的财产情况，并要掌握确凿的证据，防止财产继承人或财产的实际控制人否认借款人的财产。

（八）借款人贷款后突然消失

这种情况明显是贷款人的骗贷欺诈行为，出现这种情况大多是借款人在贷款前，经营状况已严重恶化而不能持续下去，资产大部分或全部转移或转让，已严重过度负债而不能偿还、有债主逼债等。遇到这种情况时，仍然要在第一时间内查看借款人的资产情况，如有资产要在第一时间内控制，做好财产诉讼保全。

（九）借款人故意赖账，无还款意愿

对于这种情况首先要与借款人进行充分的沟通，让他认识到贷款是必须要还的，不要存在侥幸心理，并且延迟还款将承担罚息、违约金，如果被诉讼还将承担高昂的诉讼成本。如借款人仍不还款，则依法诉讼催收。

三、对借款人及其财产、经营情况详细信息的收集

无论是哪种情况下贷款拖欠，首先要弄清拖欠的原因，根据不同的原因采取不同的催收措施和不同的催收策略。这需要对借款人的所有信息进行全面的了解和掌握。需要了解和掌握的信息包括：

（一）借款人现在的情况

主要了解借款人现在的居住有无变化、身体健康状况、家庭情况，着重了解借款人现在的还款意愿、本人的思想动态、后期有无切实可行的还款计划和方案。

（二）借款人拖欠贷款的原因

是属于哪种情况的拖欠，是暂时资金不到位、还款能力不足，还是资产受重大损失或过度负债等。

（三）借款人现在的经营情况

了解借款人现在的经营情况是否正常。如果不正常，则评估经营下降的原因以及下降的程度，这种经营恶化是持续不可逆转的，还是在采取挽救措施后可好转的。

（四）借款人现在的资产情况

主要看借款人现在的资产价值有多少、分布在哪些地方、被谁掌控、有无被抵押或被质押、有无已被诉讼保全的情况、有无资产被转移的现象。

（五）借款人现在的负债情况

主要了解借款人现在的债务额度、主要的债权人、债务到期情况、其他债权人对借款人的催收力度及已采取或准备采取的措施。

四、与借款人沟通

除借款人死亡或消失，无论哪种拖欠情况，都需要同借款人进行交流

沟通。在与借款人沟通过程中，一定要注意沟通的技巧和方法。针对不同人的性格特点和不同的拖欠原因，与其进行交流时就应该有不同的侧重点和不同的说话方式。例如：借款人有还款意愿，但确实现在无还款能力，在交流时应从帮助的角度对其进行谈话，如帮他想办法筹集资金、如何提高经营业绩和效益等。对有还款能力但无还款意愿的借款人则要从教育的角度进行谈话，向他讲清法律事实、拖欠将造成的损失、信用记录的重要性等。

不但要与借款人进行交流，还要与其家人多交流、多沟通，尽可能不要与借款人及其家人发生过激语言场面，更不能发生肢体冲突；沟通交流中要做到粗中有细，松弛有度，要随时掌控事态发展。因为我们催收的目的是把贷款收回来，如与借款人及其家人发生冲突，则往往会使问题复杂化，增加催收的难度。

五、第一时间控制借款人的有效资产

当借款人出现疾病不能自理或死亡、突然逃亡消失、过度负债等情况发生时，一定要在第一时间内弄清并控制其资产，及早向法院申请诉讼保全。当发生这些情况时，其他债权人也会争相控制借款人的资产和采取保全措施，或资产的实际控制人会将资产进行转移。如果采取的措施迟缓了，贷款的收回会很被动。

六、依法诉讼

通过各种方法进行催收没有效果的，应提起诉讼，通过司法手段进行催收。但同时，在可能的情况下，也应保持与借款人的接触。一方面继续通过法律程序对借款人施压，另一方面继续与其商讨还款事宜，最好能让借款人自己归还。

第十三章　小额贷款行业发展展望

第一节　小额贷款行业面临的问题

上文提到小额贷款行业目前处于发展停滞阶段，许多小贷机构停止了小额贷款业务，很多小贷机构不良贷款率很高，出现这种情况主要是哪些原因造成的呢，笔者主要归纳为以下几点：

一、政策限制

（一）对小额贷款公司定位不明确

现有政策仍将小贷公司定性为一般的工商企业，不属于金融企业，这样一来，小贷公司就不能享受金融业的一些优惠政策和法律对金融企业的特殊支持。但实际情况是小贷机构从事的贷款业务，本身是金融业务的一部分，其法律定位与业务性质是矛盾的。

（二）政策对小贷公司的融资限制太严

政策规定小贷公司的外部融资比例不能超过自有净资产的50％，这一政策从小贷行业兴起之初到现在，已多年没有改变，已严重不适合现在小贷公司实际的发展需要。由于资金瓶颈的限制，对于一些业务发展良好的公司来讲，就像紧箍咒一样制约着小贷业务的发展。

（三）限制小贷公司的经营区域范围

目前规定小贷公司只能在一个县级区域开展业务，不能跨区域经营，这一点各地方实际执行有差异，有的地方还是严格执行这一政策，有的地方已放开这一规定，对经营较好的小贷公司经批准可以跨区开展业务。

（四）小贷公司税负较重

由于小贷公司的定位是一般的工商企业，税收按一般企业缴纳，比金融企业要高很多，导致小贷公司的成本比较高，盈利能力较弱。

（五）转制的严格限制

小贷公司要想转制成为村镇银行，必须要由银行作为大股东，小贷公司只能拥有少数股权，直接导致小贷公司的股东失去对转制后村镇银行的控制权，这是小贷公司现有股东不能接受的。

二、行业竞争激烈

现在各投资方都看好小贷行业的发展前景，纷纷涉足小贷业务，这中间有较知名的上市公司、互联网企业等大型财团投入重资打造的网贷平台或网上银行，也有一些中小投资者组建的 P2P 平台或互联网金融公司，还有一些没有资金或只有少量资金的个人或团体以金融服务公司、金融外包公司等中介公司的名义从事贷款业务；由于传统的贷款业务受宏观经济影响较大，很多中小银行甚至国有大银行也开始开展小贷业务。

一直做小贷业务的小贷公司，加上网贷平台、网上银行、P2P、互联网金融公司、金融服务公司、金融外包公司、中小银行甚至国有大型商业银行都在争抢小贷业务，这么多机构的进入必然导致激烈的竞争。在这种残酷的竞争环境下，为了做业务，一些机构就放松了对风险的要求，降低贷款门槛和贷款条件，导致风险贷款增多而无法继续经营，不断有一些管理不好的 P2P 平台关闭就是这个原因。也有一些机构（主要是一些网贷平台、金融服务公司、金融外包公司）将业务目标瞄准在校大学生，发放所谓的"校园贷"，结果导致很多问题发生。

在众多竞争机构中，有一些机构进行恶性竞争（主要是一些网贷平台、金融服务公司、金融外包公司、投资理财公司），它们对借款人采取欺骗手段，隐瞒真实的贷款利率和费用，或为了逃避法律的限制以不同的名义向借款人收取费用。同时这个行业还催生了一种寄生群体，它们专门培训借款人如何去不同的机构申请贷款、包装借款人，帮助借款人提供虚假材料及虚假证明，等收到贷款后向借款人收取高额的佣金。

三、小贷公司自身的问题

（一）市场定位不清晰

很多小贷公司的放款金额都是几百万上千万元，这不是小额贷款，超出了小额贷款的范围，这是银行的传统业务，是在与银行竞争业务。发放这样的贷款最后的结果大多是风险奇高。原因有两点：一是小贷公司没有或缺少能做这么大金额贷款的专业人才，即使是银行发放这样的贷款主要也是抵押贷款，何况有些小贷公司是以信用贷款方式发放的，这更需要专业人员才能对风险进行识别和判断；二是这类型的企业受宏观经济及政策的影响较大，对宏观经济的依赖较重，一旦宏观经济不好，这类企业的经营就会严重下滑，前几年，小贷公司的风险贷款就是这样的贷款；三是小贷公司总的注册资金不高，只要出现一笔或几笔贷款损失，对小贷公司来说是非常严重的。

（二）内部管理不到位

很多小贷公司总共就十几个人，股东从银行或其他金融机构聘请一两个管理人员及其他一些没有任何经验的员工就开展贷款业务。在内部管理上主要有以下一些问题：一是对员工缺乏专业的有针对性的培训，导致其业务能力特别是风险识别能力严重不足；二是没有较好的业务与风险激励措施，约束员工既要做好业务又要控制好风险；三是没有清晰的业务流程和信贷政策，在贷款决策时随意性大。

（三）行业专业人才不足

在小贷行业中有银行背景的、有金融专业背景的人是不少，但小贷业务不是理论性的业务，而是实践性非常强的业务，所以有银行背景的或金融背景的不一定能管理好或做好小贷业务。那些在小贷业务上做了许多年的员工可能更能了解小额贷款的客户，更懂小贷业务的规律，更能做好和管理好小贷业务。但目前，这种实践型的小贷人才太少。

四、小贷机构目前的主要工作

在当前政策短时期内不会改变，同时又没有办法改变行业恶性竞争的情况下，小贷机构还想继续发展，应做好以下工作。

（一）转变思维，不能急功近利

小额贷款行业有很好的发展前景，但不是一个能赚快钱的行业，需要先培育市场，培养客户，只有当小贷机构的市场占有率上升，客户群体量大了，有了一定规模之后，才能有稳定的收益。那些一开始就想发放几个大额贷款产生效益的做法具有很高的风险，可能不但不能有收益，而且会损失惨重。这一点很多小贷公司已得到深刻教训。

（二）重新进行市场定位

基于上面所说的原因，小贷公司要重新进行市场定位，那就是要做"小额、分散"的业务，加强真正的小额贷款业务的营销。

（三）加强内部管理

确定"小额、分散"的业务方向后，小贷机构的内部管理就按小贷业务的要求进行加强，包括内部的组织架构、小贷业务的信贷政策、业务流程、风险管理措施、人员考核激励方案等。

（四）重视人才的培养和能力的积累

真正的小贷业务不同于传统的信贷业务，有自身的特点和规律，小贷机构要拥有一批懂小贷业务开发和风险管理的人才，才能确保一个小贷机构业务的稳健发展。而这样的人才需要不断地培训和市场实践才能锻炼出来。

五、小贷机构中长期的发展规划

小额贷款行业今后的发展方向一定会是科技化、信息化，不能达到这样标准的小贷机构，无论现在是哪种类型的，都会被淘汰。但这中间还有一个较长的过渡期，小贷机构在这个过渡期里，要做好自身的调整，以适应行业本身的变化和随着科技的发展而带来的变化。

（一）小贷机构资金来源受限情况下小贷业务的开展模式

1. 代理银行的小贷业务。现在很多银行也在寻求发展小贷业务，但银行一直以来都是做传统的大型企业的贷款业务，小贷业务对一些银行来讲也是新的业务领域，小贷业务是一项劳动密集型的业务，需要的员工较多，但银行没有这方面的人员配备和机构设置，小贷机构可以与银行协商，承接银行小贷业务的部分工作，如营销、调查评估、贷后管理等，小贷机构收取服务费，但要对风险承担责任。

2. 助贷业务。像代理银行的小贷业务一样，为其他小贷机构、财团、或个人办理贷款业务，帮助其找客户、负责评估、贷后管理和贷款回收等工作，同时收取一定的费用。

3. 与 P2P 公司合作（有的小贷机构自己成立 P2P 公司）办理业务。由于 P2P 公司的业务来源一般都是网上，由于自己没有专门的评估团队，对一些借款人无法进行线下调查评估，小贷公司可承接这些线下评估和线下管理业务，收取一定的手续费。

（二）小贷机构发展的方向

1. 转制为互联网金融公司或新注册一家互联网金融公司，在现行的政策下，互联网金融公司不会受到资金和地域的限制，资金来源较为灵活，在注册地外开设分支机构也较为方便，能突破政策对小贷公司的重重限制，因此，已经有一些小贷公司申请转制为互联网金融公司。

2. 转制为银行。在现有的政策下转制为银行，会让原有股东失去控制权，这是小贷机构的股东不情愿的，但退一步想，如果这能让那些经营艰难的小贷机构继续发展，摆脱目前的困境，这未尝不是一个好的选择。

3. 小贷机构之间相互联合。这种联合可以是小贷公司之间的联合，也可以是互联网金融公司之间的联合，也可以是 P2P 公司之间的联合，同时，小贷公司与互联网公司、P2P 公司之间也可以联合。这种联合不是指业务上的相互支持合作，而是合并在一起形成一个整体、一个公司、一个法人。这样的联合有几个好处：一是规模扩大，容易形成规模效益和品牌效应，在社会上的影响力会更大，知名度更大，开展业务更顺利；二是优势互补，合并后可以在人员、管理、IT 技术、客户资源等方面上实现共享，取长补短，使合并后的实体能力更强、收益更大；三是为未来长远发展奠定基础，前面提到，小贷行业未来的发展方向是信息化和科技化，现在很多小贷机构规模很小，不能适应未来的发展，同时要实现科技化，很多现有的小贷机构自身是没有这个能力和资源的，只有相互联合，并且具有相当的规模，才能有足够的能力和资源去实现科技化。

当然，这对很多小贷公司来讲是非常难的一件事情，由于涉及合并后股权、管理等问题，这个过程也会非常复杂，但着眼长远发展，这是非常有必要的，这种小规模机构和原始传统的业务方法，随着技术的发展终将会被淘汰。

第二节　小额贷款行业发展展望

一、未来小贷业务的发展是信息化、科技化的

今后的小贷业务将呈现这样的业务场景：借款人甲现在想借款 10 万元，于是他用电脑或手机打开了某小贷机构或银行的贷款申请平台，将借款金额和身份信息及自己的面部特征或指纹特征（俗称刷脸或刷指纹）输进了平台的贷款申请系统，小贷机构在收到申请信息后，立即在网上运用大数据调取甲的相关信息，包括甲的年龄、住址、婚姻状况、职业、收入、资产、负债、信用记录等，还包括有关诉讼、税务、违法处罚等历史记录，将这些信息链接到小贷机构的风险自动评估模型中，风险自动评估模型快速给出贷款金额的建议，审核人员快速审核确认后，将贷款金额转入甲的账户。整个过程是极为快速的。

这就是前面所讲的科技化和信息化，现在已经有这样的平台针对特定的人群实现了这样的放贷过程。这与现在传统的小贷业务流程有什么区别呢？一是业务的来源不同，现在传统的小贷业务来源主要是靠业务人员营销宣传，而科技小贷主要是通过网络进行营销，大大减少了营销成本；二是贷款信息的调查收集方式不同，传统小贷机构主要是通过调查评估人员到借款人现场查看、与借款人交流等方式获取信息，而科技小贷机构主要是通过网络大数据获得信息，非常快速和高效，能在很短的时间内完成；三是分析方法不同，现在贷款风险的分析主要是靠人进行判断，而科技小贷主要是通过风险分析模型进行自动识别和判断，或模型判断后由人工再进行确认，时间也是非常短的；四是放款流程会大大简化，现在一般的放

款流程都是借款人到小贷机构的营业场所签订纸质的借款文件，而科技小贷主要是通过远程与借款人签订电子的借款文件，减少了办理流程和时间。

科技小贷与传统小贷相比有巨大的优势：一是人力成本大大降低，由于不再需要营销人员、不再需要调查评估人员，甚至连风险分析人员和行政后勤人员都大大减少，一个较小的团队就能管理和控制较大的贷款规模；二是效率大大提高，由于信息的收集、风险的判断基本都是计算机运用大数据和风险分析模型自动完成，贷款文件通过远程电子签订。整个贷款过程非常快速。

这对借款人来讲，其借款体验会是完全不同的感受：不需要再接受调查人员的许多提问，不需要提供这样那样的资料，可能只需要远程授权小贷机构查询自己的网络大数据，甚至都不需要去现场签订贷款文件，节省了很多流程和时间，同时，贷款时间大大缩短，从贷款申请到贷款到账也许就几分钟的事情。

二、要做到信息化、科技化所必须的条件

（一）首先是信息透明化条件要成熟

这里指的信息条件透明化，指每个人的所有信息都能通过计算机运用大数据在互联网上查到。也就是说每个人的信息都要保存在互联网上，需要的时候可以被找到，如不能找到这些信息就谈不上信息透明化。就现在情况，每个人的信息在互联网上的存在度是不一样的，就贷款评估所需信息来讲，主要包括以下信息内容。

1. 个人基本身份信息，包括个人的身份信息、婚姻家庭信息，由于这些信息会在政府机关进行登记，这些信息可以在政府机关的相关网站上查询。

2. 个人的经验、能力、人品、兴趣爱好等信息现在不能直接查询，但如果借款人有相关行为在网络上留下痕迹，是可以进行概率分析的，但准确性不够。

3. 个人的收入情况分为两种，如果是上班族，特别是在机关事业单位、国有企业、上市企业及其他管理规范的单位上班的，并且又有纳税申报的，

这类人的收入有可能会在互联网上找到，但不是在管理规范的单位工作又没有纳税申请的，在网上找到这类人的收入很难；如果是自主创业或者是企业主，他的收入就是他的经营收入或是企业的收入（企业没有申报纳税），这类信息目前在互联网上是很少的，企业的财务收入信息被业主视为保密信息，是不会在任何地方轻易泄露的。

4. 个人及企业的资产信息，现在一般都能在互联网上查到，因为个人财产主要是房子、车子等，这些一般都会在政府部门注册，能在政府部门的相关网站查询，企业的主要资产如房产土地、车辆、机器设备等一般也会在政府相关部门注册，所以也是可以在网上查到的。

5. 中小企业的各类非财务信息，如内部的管理、经营模式及经营流程、生产工艺流程、产品竞争力等、企业所处市场的环境等信息在互联网上是很难查到的。

6. 个人及企业的负债信息现在可以通过人民银行的征信系统进行查询，但人民银行的征信目前只包括个人和企业在正规银行及少数贷款机构的贷款信息，对大多数的非银行贷款机构、民间借贷、商业性负债等是不包括在内的，所以有一定的局限性，但这又是非常关键的信息。

所以综合以上情况，现在发放贷款前所需要的借款个人信息、企业信息，在当事人授权后有些是可以在网络上查到的，有些是不能查到的，还没有达到贷款评估所需的信息透明化，同时现有的网络信息还有两点明显的问题：一是真假难辨，很多信息是虚假信息或者是不准确的信息；二是更新慢，许多信息不能及时更新。正是这些原因，现在还不能完全实现信息化和科技化。

目前一些贷款机构，特别是消费金融类的贷款机构利用现在网络上能查到的有限的信息量来对借款人进行评估放款，但这种放款金额是非常小的，因为如果在对借款人信息没有完全掌握的情况下发放金额较大的款，风险非常大。当然也有一些网贷平台对借款人发放较大金额的贷款，但要注意到，这些主要是网贷平台对在自己的网商平台上有频繁交易的人发放的，因为他们在历史交易中积累了这些人大量的数据信息，对没有在他们网商平台有交易的人放款的很少。

（二）其次是互联网技术条件

在网上进行推广、收集信息、信用风险分析这些互联网技术已经比较成熟，随着科技的发展，这些技术也将会越来越智能。

（三）再次是小贷公司自身的条件

小贷公司条件有两点，一是要有足够的实力和规模，做科技小贷需要大量的技术投入和资金投入，没有足够的实力和规模是不行的；二是要有足够的资源，包括品牌资源和放款资金来源。

上述三个条件达到后，本章开头所描述的贷款场景就能普遍实现了，现在一些拥有强大数据资源、技术实力和资金实力的网贷平台已经在局部实现这一功能，占领了市场和技术的先机。

在这三个条件中，最关键的是第一个条件，即信息的透明化，这不仅是一个技术问题，也是一个社会问题，需要政府、个人、企业、网络提供商共同促进。随着互联网技术的发展、社会信息透明度的增加，会有越来越多的个人和企业信息被保存在网络上，但这需要一个过程，且有可能是一个较长的过程，但信息的透明化一定会是发展的方向。

随着国家对社会信用建设的加强，征信体系会越来越完善，纳入的信息量会更大，不排除今后会出现拥有非常大信息量的民间征信机构；同时国家会加强对所有企业及企业信息（包括收入、资产、负债）进行登记，使这些信息越来越透明。个人和企业除了向政府报告一些必要信息外，也会主动将自己的信息保存于一些中介信息机构，经过本人授权后供需要的机构查询，给自己的工作和生活带来便利。今后有可能会出现一些专门收集和保存各类信息的中介机构，它们利用技术为个人和企业提供信息收集、整理、保存服务，在得到当事人授权后供其他机构和个人使用。

三、现有小贷机构如何适应未来发展

在信息没有全面透明化之前，小额贷款的调查评估还是需要靠人员进行，但小贷公司要为信息化、科技化做好准备。

（一）通过网络采集信息

在现有的业务中，根据业务的性质，利用现有的技术条件、能在网络上采集信息的，尽量通过网络收集，不能通过网络调查收集的再通过人工调查收集；或者是通过人工调查收集后，又能在网络上查到信息的，通过网络信息进行交叉验证。随着网络上的信息越来越丰富，网络上可采集的信息越来越多，逐渐向全面通过网络采集信息过渡。

（二）做好技术准备

1. 风险分析模型技术。在风险分析模型中，采用哪些信息数据、信息数据的排列、各种参数的设置等以及各行业及不同群体的差异，需要小贷机构在长期的实践经验中进行探索与分析，研究出适合自己业务特征的风险分析模型。

2. 科技技术。指互联网营销技术、风险分析模型的程序设计、网络信息的自动收集软件、远程电子文件的签署技术等。当然这些技术不是说完全由小贷机构来准备和研发，但需要小贷机构资金投入购买或让专业机构开发。

以上技术是小贷行业实现信息化、科技化的前提条件和技术支撑，没有这些技术的支持，就不可能做到信息化和科技化。

（三）紧跟形势的发展，扩大自身实力和品牌影响力，寻求更多的资源，加大技术投入，稳步推进和实现贷款的信息化和科技化

在现阶段，小贷机构如果以做经营性贷款为主，要根据信息的透明程度推进信息化、科技化，不能急于求成。因为现阶段许多中小企业的信息透明度很低，尤其是有关中小企业的经营财务信息在网络上基本是无法查询的，这些信息基本上都需要评估人员现场去调查评估，如果依赖网络信息，必然会导致评估信息不全面和不准确，会出现很大的风险。